总顾问：杭栓柱

赵杰　邢智仓　郭启光　张月峰 等◎著

多重约束下探寻
内蒙古经济高质量发展之路

经济管理出版社
ECONOMY & MANAGEMENT PUBLISHING HOUSE

图书在版编目（CIP）数据

多重约束下探寻内蒙古经济高质量发展之路 / 赵杰等著. —北京：经济管理出版社，2020.8

ISBN 978-7-5096-7318-8

Ⅰ.①多… Ⅱ.①赵… Ⅲ.①区域经济发展—研究—内蒙古 Ⅳ.①F127.26

中国版本图书馆 CIP 数据核字（2020）第 139209 号

组稿编辑：张莉琼
责任编辑：丁慧敏　张莉琼
责任印制：黄章平
责任校对：董杉珊

出版发行：经济管理出版社
　　　　　（北京市海淀区北蜂窝 8 号中雅大厦 A 座 11 层　100038）
网　　址：www. E-mp. com. cn
电　　话：(010) 51915602
印　　刷：三河市延风印装有限公司
经　　销：新华书店
开　　本：720mm×1000mm /16
印　　张：11.5
字　　数：168 千字
版　　次：2020 年 8 月第 1 版　　2020 年 8 月第 1 次印刷
书　　号：ISBN 978-7-5096-7318-8
定　　价：58.00 元

前　言

PREFACE

党的十八大以来，世界经济形势和我国经济发展情况都发生了深刻的变化。党中央以习近平新时代中国特色社会主义思想为指导，结合新的时代环境和具体要求，深化对经济发展规律的客观认识，对新时代经济发展的目的、阶段、理念等问题进行了深入探索，形成了习近平新时代中国特色社会主义经济思想。当前，我国仍处于并将长期处于社会主义初级阶段，发展是解决我国一切问题的基础和关键，发展的任务尤为迫切和繁重。结合内蒙古的发展实际，在客观环境和条件变化的情况下，内蒙古自治区目前经济发展面临着多重约束。在多重约束的背景下，在发展仍然是解决内蒙古自治区各种矛盾的重要途径的阶段下，探寻内蒙古经济高质量发展之路是摆在我们面前的重要课题。

目 录

CONTENTS

第一章

推动高质量发展的背景、内涵和意义

第一节　高质量发展的时代背景

当前，中国特色社会主义进入新时代，我国经济发展进入了由高速增长阶段转向高质量发展阶段，供求失衡转化为供需失衡。经济的有效、优质供给能力不足与人民群众日益增长及不断升级的个性化的高品质需求之间形成了矛盾，矛盾主要在供给侧，有效、优质供给能力不足已经成为满足人民群众日益增长及不断升级的个性化的高品质需求的主要制约因素。因此，适应需求结构变化，提高供给的质量和效率，促进低水平供需平衡向高水平供需跃进，推动经济高质量发展，成为当前经济发展的主要任务。高质量发展是满足人民日益增长的美好生活需要的发展，是有利于提高社会生产力水平的发展，是以人民为中心的发展。推动经济高质量发展，是保持经济持续健康发展的必然要求，是适应我国社会主要矛盾变化的必然要求，是遵循经济规律的发展。

第二节　高质量发展的内涵

经济高质量发展，是能够满足人民日益增长的美好生活需要的发展，是体现五大发展理念的发展，是生产要素投入少、资源配置效率高、资源环境成本低、经济社会效益好的发展，经济高质量发展的内涵要义包含以下七个方面。

一是商品和服务质量持续提高的发展。经济发展表现为数量增加和质量提高。适应新时代满足人民日益增长的美好生活需要，发展应提供更新、更好的商品和服务，满足人民群众多样个性化的升级需求，拓展新消费领域和方式，促进供给体系和结构优化升级，从而孕育新需求。循环往复、相互促进，推动社会生产力和人民生活不断提升。牢固树立质量第一的理念，把提高供给质量作为主攻方向，在各行各业开展质量提升行动，增加用于提高质量的投入，加强企业、行业的质量管理。

二是投入产出效率和经济效益不断提高的发展。高质量发展主要特点是劳动、资本、资源、环境等要素投入产出效率的提升。在经济发展高速增长时期，经济增长模式大多数是粗放型增长模式，投入产出效率较低，资金利用效率不足，经济增长主要依赖资金的投入，低效投资和产出的比重较高，各类金融债务风险累加。要想实现高质量发展，必须推动效率变革。其一，解决供给和需求失衡、实体经济和虚拟经济失衡、房地产和实体经济失衡的问题，调存量、减少低质无效供给，优增量、扩大优质高效供给，提高供给效率。其二，实施区域协调发展战略和乡村振兴战略，为经济发展拓展新空间、培育新动力。其三，加快完善科技创新、现代金融、人力资源协同发展的产业体系，通过生产要素优化流动组合，加快发展新产业、新业态、新模式，改造提升传统优势特色产业，促进经济结构持续优化、升级、高级化。推动经济高质量发展，应适应科技革命和产业变革趋势，引领产业结构向高级化、现代化发展，在产业链、价值链中向中高端迈进。

三是创新成为第一动力。科学技术是第一生产力，科技创新"乘数效应"越大，对经济发展的贡献率就越大，发展质量就越高。在经济高速增长时期，经济增长主要依赖人力资源数量优势和物质资源投入。随着全国和内蒙古自治区适龄劳动人口总量和比重的下降，劳动力供求关系发生了较大变化，物质资源投入也进入"瓶颈"期。科技革命和产业变革对新旧动能转换提供了机遇，也形成了倒逼。新时代应加快新旧动能转换，大力培育发展新动能，加强科技创新，建立产学研融合的技术创新体系，促进科技成果转化应用；激发及保护企业家精神，鼓励社会和企业主体创新创业；加快人口红利向人力资源质量转换。

四是绿色成为发展普遍形态。绿色发展新时代人民对美好生活向往的需要，既是经济社会可持续发展的要求，也是高质量发展的重要内容。在经济发展高速增长的时期，形成了部分环境污染、生态退化的问题，人们对友好环境的需求越来越强。应进一步树立绿色发展理念，制定出台促进绿色发展的政策体系，促进节能环保、清洁生产、清洁能源等绿色产业发展，倡导绿色消费方式，建立绿色低碳循环发展的经济体系，形成人与自然和谐发展的格局。

五是协调循环发展。高质量发展应保持经济关系协调和空间布局合理，生产、流通等环节循环顺畅。创新完善宏观调控机制，更好地发挥中长期发展规划的战略导向作用，健全产业、区域等经济政策。稳步控制政府隐性债务风险。深化金融体制改革，不断提高直接融资比重，健全金融监管体系，守住系统性金融风险发生的底线。

六是坚持深化改革开放。改革开放是高质量发展的必由之路和动力。发展不平衡、不充分其实与资源配置的体制机制弊端具有密切关系，这要靠深化改革从根本上解决，进一步激发全社会创造力和发展活力，推动质量变革、效率变革、动力变革，提高全要素生产率。高水平开放是高质量发展的动力。实现高质量发展，要使市场在资源配置中真正地起到决定性作用，进一步扩大对外开放，形成全面开放格局。

七是共享成为根本目标。当前，城乡、区域发展差距和居民收入分配差距较大。共享发展成果是高质量发展的根本目标，将形成推动高质量发展的强大动力。保障和改善民生，补齐民生"短板"，如期实现脱贫攻坚任务。努力实现高质量充分就业，使居民收入与经济发展同步增长、劳动报酬与劳动生产率同步提升。建设完善全覆盖的社会保障体系。加快推动实现基本公共服务均等化，让发展成果更多惠及人民。

高质量发展是阶段性的，不是短时间内可以完成的，是长期任务，应稳步推进。推动经济高质量发展，要用习近平新时代中国特色社会主义思想武装头脑、指导实践、推动工作，全面贯彻落实党的十九大精神，全力推进各项工作。

第三节 推动高质量发展的现实意义

由高速增长阶段转向高质量发展阶段，既是经济实现更有效率、更加公平以及可持续发展的必然选择，也是实现社会主义现代化的必由之路。推动高质量发展的现实意义：一是实现经济持续健康发展的必然要求。当前，劳动力等要素成本持续上升，资源环境约束趋紧，环境承载能力有限，依靠粗放型、低效率增长模式已经不能持续。世界经济复苏前景不明朗，基础设施、房地产和制造业投资比较低迷，低端产能无法适应消费结构升级需求。推动经济高质量发展，产出优质高效供给，实现供给和需求的平衡，保持经济持续健康发展。二是适应社会主要矛盾变化的必然要求。新时代我国社会主要矛盾已经转化为人民日益增长的美好生活需要和不平衡、不充分的发展之间的矛盾。中等收入群体扩大，消费逐步超过投资成为经济发展的动力引擎，消费升级换代，消费需求从满足数量型转向追求质量型。低端产能严重过剩和高品质消费需求得不到满足的矛盾突出。近年来，人们对高质量的教育、医疗等方面的需求很大，表明结构性矛盾的主要方面在供给。这既是发展不平衡、不充分的表现，也是发展质量不高的表现，需求的变化将成为经济高质量发展的推动力。三是基本实现社会主义现代化的必然要求。党的十九大报告提出到2035年基本实现社会主义现代化。当前，产业链、价值链的地位总体上处在中低端，科技对经济增长的贡献率不高，科技成果转化不够。新一轮科技革命和产业变革正在蓬勃兴起，我们应加快科技创新和产业转型升级，加快推进现代化，努力实现经济高质量发展。

第二章

内蒙古高质量发展的基础和
取得的进展

内蒙古坚持稳中求进工作总基调，贯彻落实创新、协调、绿色、开放、共享发展理念，统筹推进各项重大任务，在壮大地区综合经济实力、提高发展质量效益、增强发展的整体性、筑牢我国北方重要生态安全屏障、提高对外开放水平、不断增进人民福祉、筑牢祖国北疆安全稳定屏障等方面取得了积极成效。

第一节　推动经济持续健康发展，壮大地区综合经济实力

为适应全国经济由高速增长转为高质量发展的要求，内蒙古发挥投资的关键作用，加快实施补"短板"和强弱项重点工程，积极推进产业结构转型升级，着力稳定经济增长，全区综合经济实力实现了稳步提升。经济增长中的突出特点：一是消费对经济的贡献率持续上升。2017 年消费对经济贡献率达到 44.5%，较 2015 年提高了 10.6 个百分点。二是服务业对经济的支撑力不断提高。2017 年，全区服务业增加值达到 8051.6 亿元，占国内生产总值（GDP）的比重达 50%，占比较 2015 年提高了 10 个百分点；对经济增长的贡献率达到 74.9%，较 2015 年提高了 35.1 个百分点（见表 2-1、图 2-1）。2018 年上半年，全区服务业增加值增速为 6.5%，对经济增长的贡献率达到 59.7%。

表 2-1　三次产业结构及贡献占比变化情况

单位:%

产业 \ 年份		2015	2016	2017
第一产业	占比	9.0	8.8	10.2
	对经济增长贡献率	9.3	3.8	10.3
第二产业	占比	51.0	48.7	39.8
	对经济增长贡献率	50.9	49.0	14.8
第三产业	占比	40.0	42.5	50.0
	对经济增长贡献率	39.8	47.2	74.9

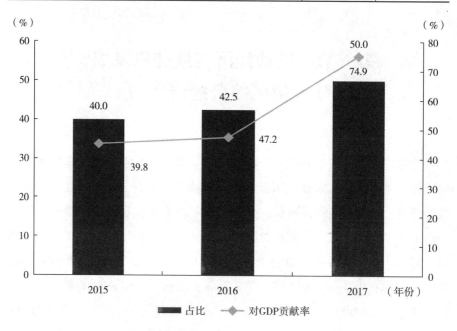

图 2-1　第三产业占比及贡献变化情况

一、努力扩大有效需求

充分发挥投资对经济增长的关键作用。一是努力增加有效投资。编制了重点领域重大项目投资实施方案，组织实施了固定资产投资三年重大项目滚动计划，一批具有标志性和引领性重大项目先后建成，呼张客专内蒙古段全线铺轨，通辽、赤峰至京沈客专连接线等开工建设，京新高速公路内蒙古段主线贯通。二是挖掘投资新增长领域。第三产业投资快速增长，已成为固定资产投资的主引擎。2017 年，全区第三产业投资增速达到 11.6%，虽然低于 2015 年和 2016 年，但仍高于固定资产投资增速 18.5 个百分点（见表 2-2）。第三产业固定资产投资 7895.9 亿元，占全部固定资产投资比重达到 54.8%，较第二产业投资占比高出 15.8 个百分点，较 2015 年提高了 9.1 个百分点。三是创新投融资方式。设立 9 只总规模超过 200 亿元的投资基金，搭建了金融、水务和环保融资平台，设立了铁路交通、产业发展、服务业和科技创新基金，积极向社会推出 PPP（政府和社会资本合作）项目。截至 2018 年上半年，内蒙古 PPP 项目落地数接近 150 个，投资额度超 1700 多亿元。

表 2-2　三次产业固定资产投资变化情况

单位：亿元，%

产业 \ 年份		2015	2016	2017
第一产业	总量	893.4	776.3	891.1
	增速	6.3	11.6	15.0
第二产业	总量	6614.6	6495.8	5617.6
	增速	16.9	-1.2	-13.4
第三产业	总量	6316.8	8197.4	7895.9
	增速	13.3	25.1	11.6

有效发挥消费对经济增长的基础性作用。一是挖掘农村牧区消费潜力。2015~2017 年，内蒙古自治区消费品零售总额逐年增长，增速均在 6.9% 以上（见图 2-2）。在居民收入提高的基础上，通过积极发展农村电子商务等举措，农村牧区消费潜力得到快速释放，消费品零售总额增速普

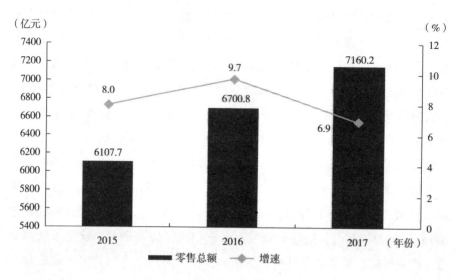

图 2-2　消费品零售总额变化趋势

遍快于城区，基本保持在 9.5% 以上，占全部消费品零售额比重达到 10% 左右（见表 2-3）。二是积极培育新的消费热点。认真落实国家调整收入分配格局各项改革措施，完善最低工资标准调整机制，适时合理提高公务员工资水平；陆续出台了扩大旅游、文化、体育、养老等重点领域消费的实施方案，实施鼓励居民消费的财税政策、信贷政策和信用消费政策。居民食品类消费所占比重有所下降，发展型和改善型消费比重得到了明显提升，2017 年居民恩格尔系数降低到 27% 左右，较 2015 年下降了 2.4 个百分点。三是不断改善消费环境。加快城乡消费流通体系建设；开通商务领域企业信用信息共享平台，归集了 1 万余条企业基础信用信息，实行全区商务领域企业信用"红黑名单"制度；开展互联网领域假冒侵权治理、城乡接合部打击侵权假冒、"海外清风"等专项行动；加强产品质量安全监管，激活消费需求。

表 2-3　城乡消费变化情况

单位：亿元,%

区域	年份	2015	2016	2017
城区	总量	4393.2	4785.5	5087.9
	增速	6.7	9.1	6.3
乡村	总量	569.7	644.6	705.6
	增速	10.7	12	9.5

积极发挥外贸对经济增长的促进作用。一是不断推动外贸新业态发展。复制推广国家跨境电子商务综合试验区成熟经验，积极对接国内知名跨境电商平台，向商务部申报二连浩特和满洲里开展市场采购贸易试点，认定 2 家自治区外贸综合服务重点培育企业。二是探索创新边民互市贸易管理。推动出台了《内蒙古自治区互市贸易管理办法（试行）》，在延伸"边民"范围、扩大商品原产地范围、改进商品管理办法、成立边民互助组等方面实现了创新突破。三是努力拓展外贸新载体。支持额布都格口岸、额尔古纳黑山头口岸、阿日哈沙特口岸和阿尔山口岸申建互市贸易区。四是大力开拓国际市场。承办了第二届中国—蒙古国博览会的展览工作，积极组织企业参加国内外展览会，赴匈牙利、捷克等"一带一路"沿线市场开展贸易营销和促进活动。五是积极融入国家"一带一路"倡议。2017 年全区口岸货运量累计达 7800 万吨，进出口总额达 942.42 亿元（见图 2-3），扭转了连续两年下降的局面；中欧班列实现常态化运行，2017 年途经全区中欧班列 1700 列左右，货运量在 13 万标箱左右。六是进一步优化贸易结构。2015~2017 年，内蒙古进口和出口总量及增速逐年上升（见表 2-4），其中，2017 年机电和高新技术产品出口占全区对外贸易出口额比重达到 29.6%。服务贸易进出口为 13.3 亿美元，同比增长 13.2%。

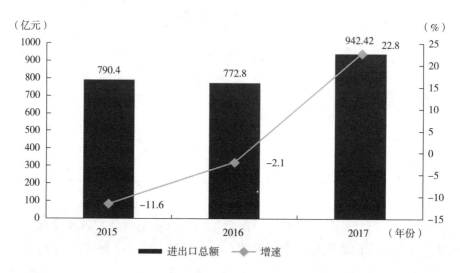

图 2-3　外贸总量与增速变化情况

表 2-4　进口和出口变化情况

单位：亿元，%

项目	年份	2015	2016	2017
进口	总量	440.1	477.5	607.7
	增速	−12.2	8.7	27.0
出口	总量	350.3	295.3	334.8
	增速	−10.8	−15.7	15.8

二、推进农牧业现代化

稳定农牧业综合生产能力。一是增强粮食生产能力。基本完成永久农田划定工作，两年累计退耕还林 106 万亩。耕地轮作休耕制度试点落实耕地面积 200.7 万亩，累计建成 500 万亩高标准农田。2017 年粮食产量达到 553.68 亿斤，已连续 5 年稳定在 550 亿斤以上。二是稳定畜牧业生产能力。2017 年牧业年度全区牲畜存栏达到 1.26 亿头（只），连续 13 年稳定在 1 亿头（只）以上。大幅提升标准化饲养规模，2017 年全区肉牛、肉羊、奶牛标准化饲养比分别达到 96.7%、68% 和 80%，畜禽整体规模化率达到 68% 左右。全区畜牧业产值占第一产业比重接近 44%，较 2015 年提高 1.8 个百分点。三是加快农牧业结构调整。围绕市场需求，实施"稳羊增牛扩猪禽"发展战略，主动承接生猪产业转移，2017 年生猪出栏量达到 300 万头左右。推进"稳粮优经扩饲草"战略，超额完成玉米种植结构调整任务，两年共调减玉米种植面积 1872 万亩，粮经饲结构比例调整为 73：17：10。积极挖掘农牧业新功能，在 12 个旗县开展了农村牧区第一、二、三产业融合发展试点示范，生态休闲、庭院经济、旅游观光、文化教育价值等得到进一步开发。四是稳步提升农牧业绿色化发展能力。2017 年，全区绿色食品原料标准化生产基地增加至 62 个，规模达到 1900 万亩；认定无公害农产品产地增加至 428 个，产品总数增加至 1121 个；全区有效使用绿色食品标识的企业达到 167 家，产品 472 个；认证有机农产品总数达到 46 家企业的 308 个产品，有机食品产量占全国的 1/3 以上，产量居全国第一；地理标志登记保护农产品总数达到 89 件，较 2015 年增加 4 件；农畜产品中国驰名商标达到 70 个，占全区中国驰名商标比重 70% 以上。

构建现代农牧业经营体系。一是积极推进农牧业适度规模经营。基本完成草原确权承包工作，深入推进农垦改革。全区土地确权实测面积 8030 万亩，约占全区二轮承包合同面积的 81%；全区土地流转总面积 3614 万亩，占家庭承包耕地面积的 36.5%。二是积极培育壮大新型农牧业经营主体。2017 年，经营耕地规模在 50 亩以上的农户增加到 51.3 万户，占全区总农户的 11.3%；家庭农牧场达到 4.3 万家，各类农牧民专业合作社达到 7.77 万家，较 2015 年增加了 0.77 万家，饲料作物种植面积占比较 2015 年大幅度上升，为 10%（见表 2-5）。三是健全农牧业社会化服务体系。依托供销合作社、农牧业服务综合平台和气象观测站网，积极探索开展土地托管、农村合作金融、涉农（牧）信息、气象信息等服务。

表 2-5　粮经饲种植面积占比构成变化　　　　单位：%

年份	粮食作物	经济作物	饲料作物
2015	73.1	23.5	3.4
2016	71.2	22.9	5.9
2017	73.0	17.0	10.0

提高农牧业科技与信息化水平。一是加快实施畜牧业提质增效工程。加快南繁基地建设，启动"百万头肉牛"种子工程建设，建成全国最大的牛羊种业基地。推进农牧业减肥节水行动与技术示范推广，全区化肥用量增幅在常年增长 10% 的情况下降低 7.5 个百分点，化学农药使用增量控制在 2% 以内，玉米、马铃薯等作物水肥一体化技术示范区内农户节水 50%、节肥 30%、亩节增效 300 多元。二是继续提高机械化水平。加大农机化薄弱环节生产机械补贴力度，截至 2017 年，农作物综合机械化水平达到 83.5%，比 2015 年提高 2.1 个百分点，高于全国平均水平 17.5 个百分点。三是推动技术推广。加大了农牧业防灾减灾稳产增产关键技术与良法补贴，主要农作物良种覆盖率、家畜良种改良率均达到 98% 以上，全区重大动物疫病防控和农畜产品质量安全继续保持较好水平，2017 年农畜水产品抽检合格率达到 98% 以上，较 2015 年提高了 2 个百分点。

三、加快优势特色产业转型升级

巩固和提升能源产业发展水平。一是做大做强煤炭行业。引导年产 60 万吨以下煤矿有序退出，2016~2017 年共关闭退出煤矿 35 处（包括采矿证过期在籍 9 处），退出过剩产能 1410 万吨。截至 2018 年上半年，全区年产 30 万吨以下的煤矿已全部退出市场，120 万吨及以上煤矿产能占 87%，1000 万吨及以上煤矿产能占 38%，单矿平均年产规模 238 万吨，是全国的 4 倍多，已形成 2 个亿吨级、5 个 5000 万吨级、8 个千万吨级矿区。引导煤炭企业上下游兼并重组，2016~2017 年共推动煤炭企业兼并重组 23 起，涉及重组资产 1480 亿元，盘活煤矿投资和转化项目投资 240 亿元，控制新增产能 7000 万吨。二是加强能源行业技改。2017 年全区采煤机械化程度 97%，比全国高 17 个百分点，煤矿单井平均规模达到 200 万吨以上，资源回采率达到 65% 以上，煤矿百万吨死亡率 0.0148。三是加强石油、天然气开发利用。截至 2017 年底，内蒙古累计生产天然气 299.54 亿立方米，生产原油 124.78 万吨，约占全国的 20%。

积极发展新型化工产业。推进煤制油、煤制天然气、煤制烯烃、煤制乙二醇、煤制芳烃等示范项目建设，建成中天合创 140 万吨烯烃等项目，开工建设中电投 80 万吨煤制烯烃等项目，伊泰 200 万吨/年煤制油等一批项目获国家发改委核准。2017 年全区已形成 124 万吨煤制油、17.3 亿立方米煤制天然气的年加工能力，年产能产量均领跑全国，煤制油产量 102.7 万吨、煤制气产量 14.4 亿立方米，分别占全国的 28.5% 和 55.4%，煤化一体化比重达到 90%，甲醇转化率达到 41%。

优化做强冶金建材工业。推进煤电铝一体化发展，建成一批电解铝、铝合金、铝板带箔和航空级铝后板带等重大项目，开工建设一批有色金属延伸加工项目。2017 年全区电解铝延伸加工率达到 70%，铝产业煤电铝一体化比重达到 70% 以上。

大力发展绿色农畜产品加工业。发展小麦、燕麦、马铃薯、优质水稻、杂粮杂豆等特色粮食深加工，实施一批羊绒升级改造、乳品结构调整以及肉类、粮油、果蔬、饲草料和沙生、林下产品精深加工项目。2017 年，全区有国家级农牧业产业化重点龙头企业 38 家，自治区级重点龙头企业 583 家，较 2015 年增加了 27 家。全区农畜产品加工率达到 62%，较 2015 年提高 3.1 个百分点。

四、积极发展战略性新兴产业

完善战略性新兴产业布局。组织实施国家培育和发展新兴产业三年行动计划，围绕新能源、生物育种、生物制造、生物医药、云计算等重点领域扶持了一批特色产业集群项目建设。

完成一批重大项目建设。建成全国最大的电动轮矿车总装车间，陕汽乌海"M3000"型天然气动力牵引重卡汽车项目实现量产，建成世界首条稀土硫化物着色剂连续化隧道窑生产线，完成欣源石墨烯科技有限公司年产1万吨锂电池负极材料、瑞盛5吨石墨烯粉体材料等项目。

设立新兴产业发展基金。组织实施新兴产业创业投资计划，共批准设立新兴产业创业投资基金7只。其中，国家新兴产业创投基金2只，总规模5亿元，目前均已正式设立并开展投资业务；自治区新兴产业创投基金5只，总规模10亿元，扶持了一批创新能力建设和产业化示范项目。2016~2017年，全区战略性新兴产业增速达到15%，高于规模以上工业增速4.4个百分点。

五、提升建筑业发展水平

推进建筑业结构调整、科技进步和转型升级，鼓励建筑企业开展跨地区、跨行业、跨所有制联合、兼并、重组、股份合作，更加突出建筑经济质量。2017年全区全年建筑业增加值1300.7亿元，占地区生产总值比重达到8.1%，较2015年提高了1.1个百分点；全年具有建筑业资质等级的建筑企业实现利润56.6亿元，较2015年增加7.3亿元。

六、大力发展现代服务业

2017年全区服务业增加值达到8051.6亿元，占地区生产总值的比重达50%，对经济增长的贡献率提高到74.9%，分别较2015年提高了10个和29.6个百分点。2018年上半年，内蒙古服务业增加值增速为6.5%，对经济增长的贡献率达到59.7%。

突出发展生产性服务业。推进金融业发展，提升金融服务实体经济能力，2017 年金融业实现增加值 1072.35 亿元，占第三产业增加值比重达到 13.7%，较 2015 年提高了 2.2 个百分点（见表 2-6）。推进现代物流业发展，制定了《自治区推进供应链创新与应用发展实施方案》，重点提升商贸物流园区、仓储配送中心、末端配送站点信息化和智能化水平。商务部确认，呼和浩特市城发物流园区为全国智慧物流配送示范基地，内蒙古食全食美股份有限公司、通辽军利商贸有限公司为全国智慧物流配送示范企业。支持农产品冷链建设，呼伦贝尔、包头两个城市和食全食美、华蒙通等 10 家企业获得"全国农产品冷链流通标准化试点城市（企业）"称号。截至 2017 年，全区物流业市场主体达到 172.7 万户，全区社会物流总额完成 33247.9 亿元，其中单位与居民物品物流总额完成 27.3 亿元。快递业务量增长 30.3%，快递业务收入增长 29.5%，增速均高于全国平均水平。推进科技服务业发展，出台了《内蒙古自治区人民政府关于加快科技服务业发展的意见》；推动信息服务业创新发展，中国中药材产业链、供应链金融、锡林郭勒盟木材林权交易等大数据平台业已在加快建设中。

表 2-6　主要生产性服务业发展情况

单位：亿元，%

年份 项目	2015	2016	2017
金融业增加值	829.20	992.14	1072.35
金融业增加值增速	15.1	16.8	8.1
金融业占第三产业增加值比重	11.5	12.5	13.7
科学研究与服务业增加值	180.30	202.93	
科技服务业占第三产业增加值比重	2.50	2.56	
物流业总额	37045.0	39934.0	33247.9

积极发展生活性服务业。一是突出发展旅游业。加快推进旅游业供给侧结构性改革，推动旅游业提档升级，2017 年全区星级饭店达到 335 家、

旅行社 976 家、A 级旅游景区 337 家、旅游集团公司 20 家。全力改善旅游基础设施，2016~2017 年内蒙古累计建成旅游厕所完成新建改建 3700 多座，各地的游客集散中心、咨询服务中心、自驾车营地、驿站、旅游停车场等基础设施建设有序推进。加快推进精品旅游线路与旅游景区建设，新评为 AAAAA 级旅游景区 1 处，AAAAA 级旅游景区数量达到 4 家。深化"万里茶道"旅游联盟宣传推广，推进积极跨境旅游合作区和边境旅游试验区建设前期工作，满洲里、二连浩特跨境旅游合作区和满洲里、阿尔山边境旅游试验区实施方案已上报国家旅游局。2017 年旅游业全年共接待旅游者 1.16 亿人次，实现总收入 3440.11 亿元，较 2015 年增长了 52.4%（见图 2-4）。二是积极发展体育产业。制定《关于加快发展健身休闲产业的实施意见》等政策，推动健身休闲、体育旅游产业得到快速发展，体育用品销售业规模不断扩大，体育竞赛表演产业走向繁荣。三是加快发展商贸流通业。以电子商务示范基地的规模化带动电子商务的产业化发展，内蒙古 15 个电子商务示范基地入驻企业 1700 余家。支持 44 个旗县开展电商进农村综合示范，占内蒙古旗县总数的 55%，在农村牧区建成县级电商公共服务中心 30 个，

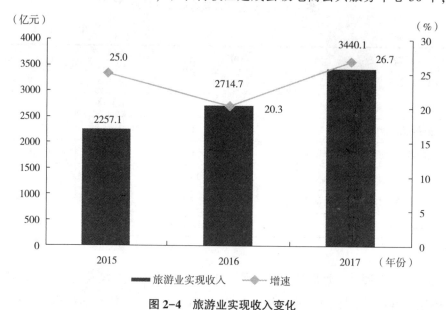

图 2-4 旅游业实现收入变化

乡村电商服务站 2583 个，孵化网商 14113 个，累计实现网络零售额 33.9 亿元。四是完善家庭健康养老服务业。出台了《内蒙古自治区人民政府关于加快发展养老服务业的实施意见》，以鄂尔多斯为主推进以市场化方式发展养老服务产业试点工作，募集养老产业基金 30 亿元，投资落地 6 个项目，完成投资金额 7.28 亿元，社会资本参与机构养老和居家养老积极性明显提升。

推进服务业集聚区建设。截至 2017 年底，自治区级服务业集聚区达到 78 家，其中，现代物流园区 19 家、商贸功能区 15 家、中央商务区 3 家、旅游休闲区 26 家、文化创业园区 6 家、科技创业园区 9 家。集聚效应凸显，2017 年全区营业收入超过 10 亿元的集聚区 27 个、超 50 亿元的 5 个，入驻企业数 14077 户，吸纳就业人数 26 万人，实现营业收入 1587 亿元，完成税收 48 亿元。2018 年上半年，全区 78 家自治区级现代服务业集聚区实现营业收入 661.8 亿元、吸纳就业人数 25.2 万人、入驻企业数 11750 家，分别增长 2.6%、6.6% 和 0.5%。

七、加强交通基础设施建设

加快铁路和轨道交通建设。呼和浩特至北京、乌兰浩特至白城高铁开通运营，集宁至张家口至唐山、临河至哈密、锡林浩特至二连浩特等一批出区达海、跨区进疆铁路通道投入运营，包头至银川等项目列入国家铁路"十三五"规划。积极打造蒙西城际铁路网，呼准鄂铁路实现全线通车。截至 2017 年，全区铁路开通新线里程 4249.8 千米，全区铁路运营里程达到 1.4 万千米，位居全国第一，比 2015 年增加 0.5 万千米左右；对俄蒙 11 个陆路口岸中已有 5 个通达铁路，较 2015 年增加 3 条。

继续完善公路网络。京新高速公路内蒙古段主线贯通，经棚至锡林浩特高速公路建成。2017 年全区公路通车总里程 19.9 万千米，两年累计新增 2.4 万千米，全国排第 9 位，全区 12 个盟市所在地均通了高速公路，103 个旗县（市区）有 99 个通高速公路和一级公路，所有苏木乡镇和具备条件的嘎查村通了沥青水泥路。同时，国际道路运输深度融入"一带一路"，国际道路运输合作扩展到俄罗斯外贝加尔边疆区和蒙古国 5 个省、直辖市。

提升航空运输能力。启动赤峰玉龙机场改扩建和林西支线机场新建工程，乌兰察布机场正式通航。加快推进旗县通用航空建设，完成阿拉善左旗通勤机场飞行区改扩建，建成满归、新巴尔虎右旗、阿荣旗、乌拉特中旗、阿鲁科尔沁旗、陈巴尔虎旗等多个通用机场。2017 年内蒙古有民用机场 28 个，其中运输机场 20 个，居全国第一位，在 12 个盟市实现了机场全覆盖，共开通航线 429 条、通航点 116 个。

加强综合交通枢纽建设。全面提升呼和浩特全国性综合交通枢纽功能，开工建设沙良物流园项目二期工程，开展公铁联运、铁海联运等无水港业务，成为内蒙古面向华北、辐射全国、向北开放的重要物流集散中心。有序推进包头、通辽两个全国性综合交通枢纽建设，开工建设包头市传化交投公路港物流园区项目，包头九原物流园 B 型保税物流中心项目获得国家批复，通辽市科尔沁区木里图工业综合物流园区等项目正在积极开展前期工作。

八、加强能源基础设施建设

加快电力通道建设。建成锡盟—山东特高压交流、蒙西—北京—天津特高压交流、上海庙—山东特高压直流、锡盟—江苏特高压直流 4 条特高压输电线路，扎鲁特—青州 ±800 千伏特高压直流线路工程业已获批。加强区内 500 千伏主网架建设，各旗县实现了 220 千伏变电站全覆盖，地区电网供电能力不断提高，2017 年全区外送电力达到 4400 万千瓦。

加强油气管道建设。建成陕京四线天然气管道，蒙西煤制气外输管道获批，推进"气化内蒙古"进程，截至 2017 年底，全区已建成油气长输管道 31 条，区内管道里程 5943 千米，较 2015 年增加 614 千米。

九、加强水利基础设施建设

建设水资源合理配置与开发利用工程。尼尔基水利枢纽下游灌区和辽河干流、嫩江干流治理的重点工程基本建成，引绰济辽工程、Z866项目开工建设，东台子水库工程获得国家批复，辽西北供水内蒙古支线工程有序推进，黄河内蒙古段二期防洪等重大水利工程全面推进。"拦沙换水"试点工程取得突破性进展，国家黄委会同意鄂尔多斯市先期开展拦沙换水试点探索，从黄河干流置换水指标2000万立方米，使用年限暂定25年。

建设灌区高效节水工程。大力开展农田水利基本建设，2016~2017年新增高效节水灌溉面积212万亩，节水灌溉面积达到809万亩，节约灌溉用水2亿立方米，农业灌溉水有效利用系数达到0.532。

建设防洪减灾工程。开展大江大河、重要支流、中小河流治理，2016~2017年累计修建堤防、整治险工517千米，治理生态清洁小流域22条，完成水土流失综合治理面积932万亩。着力提高水旱灾害综合防御能力，成功抵御了黄河凌汛，创新性地开展了黄河凌汛饮水利用项目，两年绿化累计利用黄河凌汛水3898万立方米。全面提升城市防洪能力，黄河、辽河、嫩江干流和大江大河主要支流堤防基本达标，呼和浩特、包头、鄂尔多斯、通辽、赤峰等重要城市防洪标准基本达到国家规定的防洪标准。

十、加强信息化基础设施建设

加快实施宽带内蒙古工程。推进宽带内蒙古、宽带乡村、电信普遍服务试点等项目建设，发展宽带应用基础设施。截至2017年，全区固定宽带覆盖家庭1676.59万户，光缆总长度58万千米，光纤接入覆盖家庭1128.99万户，移动互联网用户2045.16万户，互联网用户总普及率达到95%。

有序建设云计算数据中心。加快推进呼和浩特国家级互联网骨干直联点建设，建成中蒙俄国际光缆、呼和浩特至北京直通光缆等多条国际省际干线光缆，全区互联网出区带宽大幅提升，互联网省际出口带宽突破4000Gbps。目前，全区云计算数据中心承载能力达到110余万台，实际运行突破50万台，总量居全国首位。

第二节 坚持创新发展，不断提高发展质量效益

"十三五"规划以来，内蒙古以科技创新、园区振兴、质量提升、互联网经济等为重点，全面实施创新驱动战略，着力拓展产业发展新空间，继续强化质量和品牌建设，诸多方面取得突破性进展，发展质量效益得到不断提高。

一、实施创新驱动发展战略

努力构建创新体系。"十三五"规划以来内蒙古连续出台实施20多项创新政策、规划、意见、方案和实施细则，进一步创新完善体制机制，为深入实施创新驱动战略提供了制度保障。加快建设以企业为主体的新型科技研发机构，推动项目、人才、平台、技术、金融等创新资源要素向企业集聚。截至2017年底，新型研究机构增加到47家、产业技术创新战略联盟增加到24个、院士工作站增加到113家。累计协议引进院士127名，入站院士专家团队850余人，联合开展攻关项目207项。加强各类创新平台建设，通过政策引导、项目支持等方式，积极推进重点实验室和工程技术研究中心建设，开创性地组建了中科院包头稀土研发中心。截至2018年6月，新增3家国家重点实验室，实现了零的突破，各类创新平台载体达到874家。

专栏 "十三五" 规划以来内蒙古出台的部分创新政策、规划、意见、方案和实施细则

1. 《贯彻落实〈国家创新驱动发展战略纲要〉实施方案》
2. 《内蒙古自治区人民政府关于印发〈内蒙古自治区促进科技成果转移转化八项措施〉的通知》
3. 《内蒙古自治区 "十三五" 科技创新规划》
4. 《内蒙古自治区知识产权事业发展 "十三五" 规划》
5. 《内蒙古自治区关于实施创新驱动发展战略的意见》
6. 《内蒙古自治区创新驱动发展规划（2013—2020 年）》
7. 《内蒙古自治区贯彻落实〈国家创新驱动发展战略纲要〉实施方案》
8. 《自治区事业单位科技成果使用、处置、收益管理改革若干意见》
9. 《自治区促进科技成果转移转化八项措施》
10. 《深入推行科技特派员制度实施方案》
11. 《关于实行以增加知识价值为导向分配政策的实施细则》《内蒙古自治区人民政府关于加快知识产权强区建设的实施意见》
12. 《自治区 "十三五" 知识产权发展规划》《自治区发明专利费用资助办法》
13. 《内蒙古自治区人民政府关于深化科技计划管理改革加强科技项目和资金管理的意见》
14. 《关于进一步完善自治区财政科研项目资金管理等政策的意见》
15. 《内蒙古自治区科技储备项目管理暂行办法》
16. 《内蒙古自治区科技计划项目管理办法（试行）》
17. 《内蒙古自治区科技专项资金后补助管理办法》

加强自主创新。围绕"六大基地"和"七业同兴"的建设需求，开展科技重大专项。例如，利用稀土新材料领域的核心技术，建成了世界首条稀土硫化物（着色剂）连续化隧道窑生产线并下线了第一批产品；突破特种材料重型挤压技术，成功试制出高规格的不锈钢厚壁无缝管材，实现了这一材料的国产化；制造出填补了国内空白的新型反恐防暴车辆，诞生了世界首例转乳糖分解酶基因奶牛等。

推进科技创新成果转化。印发《内蒙古自治区促进科技成果转移转化八项措施》，实施对科技成果转化活动后补助。自治区科技成果交易平台建成运行，推进了一系列科技创新成果转化。

推进"大众创业、万众创新"。组建了内蒙古众创空间联盟和星创联盟，建立了众创空间信息服务共享平台。认定众创空间试点139家，其中35家被科技部列为国家级众创空间；认定"星创天地"142家，其中21家纳入国家级科技企业孵化器管理和服务体系。

实施人才强区战略。加快重点人才队伍建设，全面实施"草原英才工程"、"511人才培养工程"、"内蒙古少数民族专业技术人才特殊培养计划"、高技能人才振兴计划等工程计划，高技能人才队伍增加到60.5万人。

二、拓展产业发展新空间

一是进一步优化园区布局。按照国家和自治区出台的开发区审核修订相关政策要求，推动项目向园区集中、产业向园区集聚，除矿山企业、坑口电厂外，新上、搬迁项目均布局在工业园区。国家级、自治区级工业园区减少到64个，面积减少了2545.39平方千米。二是不断完善基础设施。2016~2017年累计投入2105.3亿元，显著改善了道路、电力、通信、给水、排水、供热、供气等配套设施。三是创新园区管理体制机制。制定促进工业园区健康发展指导意见、扩区升级评价办法、高质量发展三年行动计划等一系列政策，明确园区设立、升级、扩区、考核等内容，填补了内蒙古工业园区管理上的空白。建立以单位用地面积投资强度、单位土地面积税收贡献、绿色发展、营商环境等为主要内容的园区高质量发展考核指标体系。

三、加强质量和品牌建设

一是全面实施质量提升工程。深入落实国家《质量发展纲要（2011-2020 年）》，积极推进质量强区建设，建立健全质量标准体系，完成了标准化三年行动计划，已建成新型工业、现代农牧业、服务业、社会管理和公共服务四大领域 29 个子体系的标准体系，地方标准备案数量全国排名由 2015 年的第 27 位提升到 2017 年的第 20 位。二是加强质量管理。对普通消费品、新兴消费品、食品接触类产品、节能环保产品、农资、建材等重点产品进行了重点监管，开展了专项执法行动，全区未发生重特大质量安全事故，特种设备万台事故死亡率逐年下降。三是加强品牌建设。围绕纺织产品、滴灌带、羊绒制品等 15 类产品，加快培育品牌产品和品牌企业。新增 5 家企业获得主席质量奖，总数达到 25 家企业，有 2 家企业分别获得中国商标金奖创新奖和运用奖。168 个产品被评为内蒙古名牌产品，总数达到 553 个，地理标志保护产品达到 27 个。

四、发展互联网经济

一是大力实施"互联网+"行动计划。全力推动大数据在农牧业、工业、服务业等领域应用，已经实现了互联网在政务、农牧业、工业、智能制造、旅游、金融、商业、交通、教育、医疗、民生等领域的应用。二是努力促进大数据发展。着力拓展大数据应用范围，舆情大数据平台已建成运行，全区宏观经济数据库、信用数据库、空间地理数据库已基本建成，法人单位数据库、人口数据库、文化信息数据库、精准脱贫数据库建设有序推进。

第三节　坚持协调发展，不断增强发展的整体性

加快推进区域协调发展，进一步补齐城乡协调发展"短板"，深入推进物质文明和精神文明协调发展，促进经济建设和国防建设融合共进，全区发展的整体性得到进一步增强。

一、推动区域协调发展

一是推进呼包鄂协同发展。印发实施了《呼包鄂协同发展规划纲要（2016—2020 年）》，建立自治区层面的呼包鄂协同发展领导和协调机制，积极推进基础设施、生态环保等领域协同发展。呼和浩特市和包头市建立了以流域为单元的水污染防治区域联动机制，启动实施了呼包鄂沿黄生态走廊建设工程，造林总面积 11.8 万亩。2017 年三市经济总量占全区的比重达到 56%，一般公共预算收入占全区的比重达到 40.9%。二是推进乌海及周边地区协同发展。成功举办了呼包银榆经济区第五届联席会议等区域性会议，乌海市与鄂尔多斯市、阿拉善盟、巴彦淖尔市签署了《黄河金岸蒙西四盟市区域协同发展框架协议》。三是提升东部地区发展质量。在通辽市开展民营经济发展改革试点工作，启动呼伦贝尔、通辽、赤峰深入推进国家东北老工业基地产业转型技术技能人才双元培育改革试点工作。积极推进产业结构优化升级，三次产业结构由 2015 年的 15.2：49.0：35.7 演变为 2017 年的 20.6：35.3：44。加强对少数民族聚居地区支持力度。累计向 20 个边境旗市和人口较少民族聚居的 10 个旗市投入少数民族资金 2.27 亿元和 1.3 亿元。兴边富民行动实施旗市由 19 个增加到 20 个，人口较少民族聚居村受益面由 192 个增加到 231 个。

二、稳步推进以人为核心的新型城镇化

一是持续推进农村牧区转移人口市民化。出台和实施了《内蒙古自治区人民政府关于推进户籍制度改革的实施意见》等一系列措施，全面放开了城区人口 100 万以下城市和建制镇落户限制，实行了居住证制度。二是进一步提高城镇综合承载能力。《内蒙古自治区城镇体系规划（2014—2030 年）》已报请国务院审批，《呼包鄂榆城市群发展规划》正式获批。呼和浩特市地铁 1 号、2 号线开工建设，开展呼和浩特、包头地下管廊建设试点。2017 年全区人均道路面积 24.5 平方米，比 2015 年增加 1.5 平方米；人均公园绿地面积 19.85 平方米，比 2015 年增加 0.35 平方米；燃气普及率达到 91.8%，比 2015 年提高了 3.8 个百分点；城镇公共供水普及率达到 98.05%，比 2015 年提高了 1.2 个百分点；生活污水处理率达到 94.8%，比 2015 年提高了 2.37 个百分点。三是加快建设人文、绿色、智慧城市。包头市、呼伦贝尔市和乌兰察布市入选全国城市设计试点城市，包头市北梁传统街区等 6 条街区被确定为自治区历史文化街区，包头市、呼伦贝尔市、乌兰浩特市、阿尔山市入选全国"城市双修"试点。截至 2017 年，全区国家园林城市达到 6 个，国家园林县城达到 3 个。基本完成呼和浩特、鄂尔多斯、乌海、呼伦贝尔、包头石拐区等智慧城市试点。2017 年全区常住城镇人口达到 1568.24 万人，比 2015 年增加 54.08 万人；常住人口城镇化率达到 62.02%，比 2015 年提高 1.73 个百分点；户籍城镇人口 1079.33 万人，户籍人口城镇化率达到 44.3%，比 2015 年提高 0.1 个百分点。

三、全面推进新农村、新牧区建设

编制实施乡村规划。印发《内蒙古自治区党委自治区人民政府关于实施乡村振兴战略的意见》，启动《内蒙古乡村振兴规划》编制工作，到

2017年全区已有22个旗县（市）完成县域乡村建设规划，674个乡镇编制了乡镇总体规划和8516个行政村的新编村庄规划。到2017年全区国家级重点镇增加到143个，国家级特色景观旅游名镇（名村）增加到37个，国家级美丽宜居小镇（村）增加到17个，国家级特色小镇增加至12个。

加强农村牧区基础设施建设。2015～2017年累计完成90.8万农牧户危房改造，提前实现建制嘎查村通硬化路目标。农村牧区嘎查村文化室、标准化卫生室、便民连锁超市（电商）、广播电视等问题得到基本解决。

开展农村牧区人居环境整治。截至2017年，全区开展生活垃圾集中收集处理的行政村达到5814个，开展生活污水处理的行政村达到615个。

四、加强社会主义精神文明建设

加强社会主义核心价值观建设。广泛开展主题实践活动，推进公民道德、思想品德、个人美德、家庭美德建设，分类推进"五大创建"活动，通辽市和鄂托克前旗、准格尔旗分别被授予"第五届全国地级和县级文明城市"荣誉称号，截至2017年，新进全国文明城市总数并列全国第八名，列五个少数民族自治区第一名。

提升舆论引导水平。制定《关于建立健全自治区信息发布和政策解读机制的实施意见》，召开各类新闻发布会130余场，信息发布和政策解读基本实现常态化。开通"探索内蒙古"脸谱、图享和"中国内蒙古"推特全球官方账号，开辟了向欧美民众宣传中国和内蒙古的新渠道。

推进文化事业持续健康发展。深入实施"八大文化惠民工程"和一系列文化惠民活动，完成了全区704个嘎查村综合文化服务中心建设，成功举办了第十三届、第十四届"草原文化节"和第七届乌兰牧骑艺术节。发挥乌兰牧骑"草原轻骑兵"作用，各级文艺院团每年下基层演出6000多场。

推进文化体制机制创新。完成文化市场综合执法改革、国有文化企业双效考核、新闻出版业年审年检等重点改革任务，在中共中央宣传部文化体制改革办公室（以下简称文改办）党的十八大以来，文化体制改革综合排序中位列全国第三位。积极探索公共文化机构法人治理改革，公共图书馆、文化馆实施了总分馆制改革。

培育和壮大文化产业。建立文化产业项目库，设立自治区文化产业发展基金，认定20个骨干文化企业、70个重点小微文化企业和70个重点文化产业项目。2017年全区文化产业增加值占地区生产总值比重达到3.2%，比2015年提高0.8个百分点。

第四节　坚持绿色发展，不断筑牢我国北方重要生态安全屏障

牢固树立和坚守"绿水青山就是金山银山"的发展理念，统筹各类主体功能区发展，推动资源节约和环境友好型社会建设，美丽内蒙古建设不断取得新进展、新成效，祖国北疆生态安全屏障进一步筑牢。

一、污染防治攻坚战

坚决执行最严格的环保制度，进一步完善环境治理制度，实施"蓝天行动""清水行动""净土行动"，着力解决生态环境领域突出问题，主要污染物排放总量大幅减少、生态环境总体改善。

严格污染物源头控制。严控污染物总量红线，实施排污许可"一证制"管理的污染物排放总量控制制度，用总量红线调控开发规模和强度。加大工业源污染减排力度，加强农业源污染减排，全面清理整顿环保违规项目。截至2017年，内蒙古二氧化硫、氮氧化物、化学需氧量和氨氮排放

总量较 2015 年分别下降 11.40%、4.50%、4.07% 和 6.98%（见表 2-7），
环境质量指标达到国家考核要求。

表 2-7　主要污染物完成指标

单位:%

类别	指标	2016 年	2017 年
主要污染物 排放减少	化学需氧量排放	1.89	4.07
	二氧化硫排放	3.97	11.40
	氨氮排放	2.86	6.98
	氮氧化物排放	5.06	4.50

推进多污染物综合防治。一是推进大气污染防治。制定《大气污染防
治行动计划》实施意见等 12 个配套政策性文件。全面淘汰城市建成区 10
蒸吨及以下燃煤锅炉。加强机动车尾气管理，2017 年淘汰黄标车和老旧车
4.22 万辆。实施乌海市及周边地区大气污染联防联控，完成治理项目 1614
个。截至 2017 年，内蒙古空气质量平均达标天数 309 天，优良天数比例为
85.3%（见表 2-8），较 2015 年提高 4.4 个百分点，12 个盟市 PM2.5 平均
浓度下降 8.6%，均达到"十三五"规划目标值。二是推进水污染防治。
制定水污染防治行动计划实施意见，建立区域水污染防治联动机制，全面
实行河长制。实施呼伦湖、乌梁素海、岱海流域生态与环境综合治理工
程，实现湖泊水质逐步改善。控制工业和农业污染排放，63 个自治区级及
以上工业园区中 61 个已建成污水集中处理设施，完成 458 个建制村环境综
合整治任务。实施城市黑臭水体综合整治工程，完成 13 段黑臭水体 21.02
千米整治。制定饮用水水源保护条例，推进饮用水水源地保护，累计划定
集中式饮用水水源地 992 处，42 个地级以上城市集中式饮用水水源地水质
优良比例达到 89.2%。2017 年全区地表水达到或好于Ⅲ类水体比例为
55.80%（见表 2-9）。三是推进土壤污染防治。成立自治区土壤污染状况
详查协调小组，以农用地分类管理、建设用地准入管理、未利用地预防管

理和风险源管控为重点，编制完成了《自治区土壤污染状况详查实施方案》，全面启动土壤污染状况详查工作。严格污染地块环境管理，布设土壤环境质量国控监测点位 1834 个，公布第一批土壤环境重点监管企业 104 家，重点污染点位超标比率控制在 1% 以下。

表 2-8　空气质量指标完成情况

单位：%

类别	指标	2016 年	2017 年
空气质量	地级及以上城市细颗粒物（PM2.5）浓度下降	14.60	22.70
	地级及以上城市空气质量优良天数比率	86.60	85.30

表 2-9　水污染治理指标完成情况

单位：%

类别	指标	2016 年	2017 年
地表水质量	达到或好于Ⅲ类水体比例	50.00	55.80
	劣Ⅴ类水体比例	7.70	13.50

加强矿山环境治理恢复。实施矿山地质环境分期治理制度，督促采矿权人边生产、边治理，对其造成的矿山地质环境问题进行治理修复。2017年完成矿山地质环境治理验收面积 106 平方千米，初步形成了"开发—治理—恢复"良性互动、循环发展格局。印发了《内蒙古自治区绿色矿山建设方案》，严格新建矿山准入程序，推进自然保护区矿业权退出，自然保护区已全部停止勘查、开采活动。

改革完善环境治理制度。贯彻落实习近平总书记考察内蒙古时提出"大胆先行先试，积极探索建立可持续的生态环境保护制度"的要求，继续在自然资源资产负债表编制、领导干部自然资源资产离任审计、生态环境损害责任追究三个方面开展先行先试。制定出台了《关于加快推进生态文明建设的实施意见》《党政领导干部生态环境损害责任追究实施细则》《领导干部自然资源资产离任审计试点实施方案》《生态环境监测网络建设工作方案》《环境保护督察工作实施方案》系列改革文件，取得了污染防治、排污权有偿使用和交易、环保信息公开等方面 20 余项改革成果。

加快建设主体功能区。进一步优化国土空间开发格局。制定主体功能区规划实施意见，修订主体功能区规划，引导各类生产要素按照主体功能区优化配置，推进人口向重点开发区域集中、工业向园区集中，农牧业向优势区域集中。2017 年，工业园区规模以上工业产值占全区规上工业总产值的 65.3%，税收占全区税收的 57.7%；全区农产品主产区粮食产量占全区粮食总产量比重达到 73% 左右，较 2015 年提高 11.22 个百分点。实施分类调控政策。制定自治区重点生态功能区产业准入负面清单，将 41 个旗县（市、区）、超过 70% 的国土面积划为重点生态功能区。制定《限制开发区域限制类和禁止类产业指导目录（2016 年本）》。启动生态红线划定工作，完成了全区林业生态"四条红线"（林地和森林、湿地、沙区植被、物种红线）和 8.8 亿亩基本草原划定，87 个旗县共 9330 万亩永久性基本农田划定。

二、加强生态保护和建设

加强森林保护建设。继续实施天然林资源保护、"三北"防护林和退耕还林工程，累计完成营造林 5774 万亩、重点区域绿化 1037 万亩。推进国有林区林场改革，组建大兴安岭国有林管理机构，全面停止森工集团、岭南八局和 102 个林场木材商业性采伐，年停伐量 110 万立方米，每年减少森林消耗 201 万立方米。开展重点区域绿化，完成绿化任务 188.6 万亩，2017 年全区森林面积达到 3.73 亿亩，活立木蓄积量达到 14.8 亿立方米，森林覆盖率达到 21.03%。

加强草原保护。修订基本草原保护条例，制定禁牧和草畜平衡工作监督管理办法，将 10.2 亿亩可利用草原全部纳入保护范围，禁牧休牧 4.05 亿亩、草畜平衡 6.15 亿亩。继续实施京津风沙源治理二期工程，开展沙化土地植被恢复保护工作，五大沙漠扩展现象得到遏制。

加强水土流失和湿地生态综合治理。2016~2017 年年均完成水土流失治理面积达到 650 万亩以上。实施"一湖两海"综合治理工程，呼伦湖水域蓄水量面积由 2015 年的 103.9 亿立方米增加到 2017 年的 112 亿立方米，湿地面积恢复近 300 平方千米。乌梁素海整体水质由劣 V 类达到目前接近地表水 V 类标准，局部区域水质达到 IV 类标准。岱海面积由年均缩减 3.9 平方千米降低到缩减 2 平方千米，水位下降速度由 0.61 米降低为 0.3 米。全面推行河长制，实施湿地保护、退耕还湿等工程，全区 25% 的重要湿地得到有效保护。

三、加快循环经济发展

一是不断深化循环链接。打造煤电冶、煤电化、煤电硅、"种养加"等特色精深加工产业链，煤电、煤化一体化比重达到 90%。推进循环型农牧业发展，农作物秸秆综合利用率达到 80%。二是完善再生资源回收体系。初步完成了城市社区和农村牧区回收站点、分拣中心、集散市场"三位一体"的回收网络建设，加强废金属、废塑料、废玻璃、废纸等传统再生资源的回收，完善生活垃圾分类回收、密闭运输、集中处理体系。三是开展实施循环经济重大项目。组织实施了资源循环利用、大宗固废综合利用、农业循环经济、秸秆综合利用等中央预算内投资项目。包头"城市矿产"、园区循环化改造等示范项目建设取得显著成效，一般工业固体废弃物利用率提高到 46%。

四、全面节约和高效利用资源

一是实施能源消耗总量和强度双控行动。加大淘汰落后产能力度，推进建筑、交通等重点领域节能降耗，实施能效"领跑者"制度。2016年和2017年全区能源消费总量增速分别控制在2.8%和2.35%，单位GDP能耗分别下降4.10%和1.60%，单位碳排放强度分别下降5.6%和2.50%。二是实施水资源消耗总量和强度双控行动。落实最严格水资源管理制度，用水总量、用水效率、水功能区限制纳污"三条红线"控制指标实现了从自治区到旗县的全覆盖。强化水资源节约集约循环利用，钢铁、纺织、造纸、石油炼制、火电五个重点行业节水型企业建成率达到63%，农田灌溉水有效利用系数达到0.538。2016年和2017年单位工业增加值用水量分别下降13.37%、24.37%，均超额完成年均目标任务。2017年全区用水总量188亿立方米，控制在204亿立方米的目标范围内，万元地区生产总值用水量为89.2立方米，较2015年下降11.3%。三是实施建设用地总量和强度双控行动。制定土地资源节约集约利用指导意见，严格执行土地利用总体规划，到2017年全区城镇控制性详细规划平均覆盖率达到80%以上。实行土地利用水平与年度新增建设用地计划指标分配挂钩，实施城乡建设用地增减挂钩和工矿废弃地复垦调整利用。2016年和2017年新增建设用地规模分别为46.16万亩和24.03万亩，耕地保有量分别为13770.69万亩、13790.99万亩，均超额完成国家下达年均目标任务。

第五节　坚持开放发展，提高对外开放水平

按照"把内蒙古建成向北开放重要桥头堡"的定位，积极融入国家"一带一路"倡议，认真落实国家对中蒙俄经济走廊建设的要求，拓展与国内区域合作，为进一步发展外向型经济创造了良好条件。

一、深化对外开放

一是推进基础设施互联互通。建设了一批连接蒙古国南部重点矿区、产业园区、主要城市和俄罗斯毗邻城市的重大铁路、公路项目，二连浩特—乌兰巴托—乌兰乌德铁路线升级改造取得实质性进展，满都拉口岸跨境铁路项目境外段的蒙古国杭吉口岸至珠恩巴音铁路跨境点选址工作已经完成，杭吉口岸至塔温陶勒盖矿运公路已经启动建设，策克口岸跨境铁路通道项目开工建设。二是提高经贸合作水平。加强经贸合作平台建设，满洲里综合保税区、赤峰 B 型保税物流中心封关运营，满洲里、二连浩特边民互市贸易区投入运营。组织开展了以中蒙博览会、二连浩特中俄蒙工商论坛等为主的 20 多项大型国际性展洽交流活动。2017 年全区对俄蒙贸易额占全区贸易总额的 50% 左右，对俄蒙投资企业数量从 140 家增加到 393 家，中方协议投资额从 13.27 亿美元增长到 31.69 亿美元。三是推进与俄蒙资金融通。率先在满洲里开展全国卢布现钞使用试点，在二连浩特开展蒙图现钞兑换业务。截至 2017 年，自治区对俄蒙两国跨境人民币结算业务量占全国对俄蒙两国业务量的 58.4%。四是推进与俄蒙人文交流。与蒙古国戈壁阿尔泰省等 13 个地区及俄罗斯外贝加尔边疆区等 9 个地区建立了友好关系。锡林郭勒盟、赤峰市、通辽市与蒙古国东部三省建立了中蒙地方合作"3+3"论坛机制。成立中蒙俄智库合作联盟，轮流举办国际性交流论坛，截至 2019 年已成功举办了五届。成功举办了第二届中蒙博览会蒙医药成就展和蒙医药论坛，全区各级蒙医中医医院每年收治蒙古国、俄罗斯患者为 2 万~3 万人。

二、深化国内区域合作

积极融入京津冀协同发展。从蒙东和蒙西两个方向推进连接京津冀的快速铁路建设。开展京蒙跨区域碳排放权交易试点，近 300 家企业纳入了全国碳交易市场。持续深化京蒙对口帮扶和区域合作，2018 年 4 月与北京市签署了《京蒙扶贫协作三年行动框架协议》，北京市 42 家企业和内蒙古 31 个国贫旗县进行了项目对接。

加快推进与周边地区合作。全力打通了内蒙古与相邻省市区的大城市高速公路出口，对接了东北三省及河北、陕西、宁夏六个相邻省区，开通了通辽至辽宁新民北高铁。

扩大与东部发达地区合作。推动与长三角、珠三角等发达地区在科技、人才、产业优势等方面有效对接，成功举办了内蒙古大数据产业推介会、首届蒙商大会、内蒙古·香港重点合作项目推介会等重大活动。

第六节　坚持共享发展，不断增进人民福祉

内蒙古坚持"以人民为中心"的思想，把民生工程放在突出位置，坚决打好脱贫攻坚战，持之以恒推进教育现代化，完善收入分配，健全社会保障，建设健康内蒙古，取得积极成效。

一、坚决打好脱贫攻坚战

坚决贯彻党中央脱贫攻坚方针政策，把脱贫攻坚作为重大政治任务和第一民生工程，认真落实扶贫脱贫基本方略，按照"五个一批""六个精准"要求，统筹各方资源在脱贫攻坚上集中发力，贫困地区基础设施建设、公共服务明显改善，义务教育、基本医疗和住房安全保障水平显著提高，截至 2017 年，贫困发生率下降到 2.62%，部分国家级贫困（以下简称国贫）、区级贫困（以下简称区贫）旗县开始陆续"摘帽"，脱贫攻坚战取得决定性进展。

推进扶贫脱贫。坚持"六个精准"，实行动态管理。2016 年对 35.7 万

户、80.2 万贫困人口的建档立卡信息进行更新，贫困发生率为 4.1%，12 个区贫县"摘帽"。2017 年开展动态调整和拉网式排查工作，清退历年不符合标准人员近 20 万人，1 个国贫县、13 个区贫旗县"摘帽"。2016~2017 年，累计脱贫约 42.5 万人。

持续增加财政投入。2016~2018 年，中央安排财政扶贫资金 67.28 亿元，自治区安排 97.32 亿元，盟市旗县安排 87.36 亿元，合计 251.96 亿元。扶贫资金投入总量、增速、强度都位于全国前列。2017 年各级财政支出扶贫资金 121 亿元，同比增长 112.9%，达到历史最高水平。自治区本级财政专项扶贫资金由 2016 年的 18.8 亿元增加到 37.37 亿元。统筹整合使用涉农涉牧资金。2016~2017 年累计整合涉农涉牧资金 122.4 亿元。2017 年设立 20 亿元产业扶贫发展基金，自治区本级财政安排脱贫攻坚"以奖代补"资金 10 亿元，鼓励贫困旗县脱贫"摘帽"。

实施脱贫攻坚重点工程项目。一是实施产业扶贫。70%以上的财政扶贫资金用于扶持贫困户发展特色产业，确定了"七大扶贫产业"，"菜单式"扶贫和"基地+合作社+贫困户"等模式得到大力推广。2016 年 29 万贫困人口得到"到村到户"产业发展项目扶持；2017 年全区 24.4 万贫困人口进入产业化经营链条，凡是有劳动能力的贫困人口，每人基本上都实现了一到两项产业扶贫政策覆盖。2017 年，57 个贫困旗县实施光伏扶贫项目，总规模达 136.8 万千瓦；"金融扶贫富民工程"乡镇、行政村覆盖率已分别达 90.27%和 56.65%。2016~2017 年，约 8 万贫困人口通过旅游脱贫。二是实施易地搬迁扶贫。2016 年搬迁建档立卡贫困人口 5 万人，同步搬迁 3 万人；2017 年投入各类资金 33 亿元，易地搬迁 641 个集中安置点已全部开工建设。2016~2017 年，共完成搬迁 10.6 万人。三是实施教育扶贫。建立了从学前教育到高等教育、职业教育一条龙的教育资助政策体系，为普通高校本科类建档立卡贫困新生一次性补助 4 万元，高职高专类一次性补助 3 万元，2017 年 3946 名贫困大学生受益。农村义务教育阶段在校生营养改善计划覆盖 31 个国贫旗县，49 个贫困旗县通过国家义务教育发展基本均衡县评估认定。2017 年全区教育资助投入 60 亿元，资助各类学生 531 万人次。四是实施健康扶贫。重大疾病费用报销比例达到 80%以上，9 种大病集中救治覆盖所有贫困地区。三级医院对口帮扶贫困旗县医院、二级医院对口帮扶贫困地区苏木乡镇卫生院得到落实。因病致贫返贫核实核准率达 100%，大病救治比例达到 97.3%，城乡居民基本医疗保险和大病保险覆盖全部贫困人口。五是实施生态扶贫。将 79.2%的林业重点工程生态建设任务安排到贫困地区。2016~2017 年累计投入 94.7 亿元用于 57 个贫困旗县生态保护与建设。实行生态护林员政策，2016~2017 年累计为 1.3 万名建档立卡贫困人口提供护林员公益性岗位。六是兜底保障一批。2016~2017 年，内蒙古约 41.96 万建档立卡贫困人口纳入低保兜底范围，农村牧区低保标准由 2016 年的 4851 元提高到 2017 年的 5547 元，高于全国平均水平 965 元，基本实现应保尽保。

完善脱贫工作机制。一是创新工作机制。2015 年底以来，自治区陆续出台脱贫攻坚政策文件 26 份，各行业部门出台配套政策 30 多份，形成"1+N"扶贫配套政策体系。2018 年充实完善自治区扶贫开发领导小组，由自治区党委书记任组长，增设 16 个专项推进组。每两个月召开一次打赢脱贫攻坚战旗县委书记汇报交流会，向 57 个贫困旗县分别派驻由 1 名厅级领导干部带队的脱贫攻坚工作总队。实行最严格的考核评估，提高贫困旗县减贫、民生等方面的指标权重。强力推动扶贫领域监督执纪问责，2015 年底以来，全区共立案查处扶贫领域腐败和作风问题 2504 个，给予党纪政务处分 2324 人。二是实施京蒙对口帮扶。2016 年两地签署《进一步加强京蒙对口帮扶和全面合作的框架协议》，北京市 16 个区县对口帮扶内蒙古 16 个国贫旗县，2017 年投入帮扶资金 2.5 亿元；2017 年京蒙东西扶贫协作和"万企帮万村"行动取得明显成效，504 家企业结对帮扶 673 个贫困村，实施帮扶项目 826 个，覆盖 8.9 万贫困人口。三是结对帮扶。26 个中央、国家机关单位定点帮扶 31 个国贫旗县。2015 年以来，26 个单位共派驻帮扶干部 93 名，直接投入财物 3.3 亿元，帮助引进各类项目 141 个，落实各类项目资金约 26 亿元。省级领导干部"一对一"联系贫困旗县。2017~2018 年，每年带动 409 名盟市级领导、1852 名县处级领导分别联系贫困苏木乡镇和贫困嘎查村，15.2 万名党员干部帮扶贫困户，实现了帮扶全覆盖。2017 年，厅局单位定点帮扶兴安盟和乌兰察布市，投入帮扶资金 11.8 亿元；22 个区直单位对 3 个人口较少旗市开展区域帮扶，共投入资金 15.2 亿元，实施项目 141 个。开展"万企帮万村"行动，2016~2017 年累计 1166 家企业结对帮扶 1266 个贫困村，累计落实 1095 个项目，投资达 21.01 亿元。

二、推进教育现代化

一是优先发展民族教育。颁布实施了《内蒙古民族教育条例》，全面加强蒙汉"双语"教育，蒙古族聚居地区基本普及学前"双语"教育。"两主一公"办学模式进一步巩固完善，2017 年少数民族在校大学生占全区大学生总数的 26.12%，较 2015 年增加 0.03 个百分点。二是加快普及学前教育。启动实施"学前教育三年行动计划"三期工程，2017 年底全区幼儿园 3832 所，比 2015 年增加 560 所，普惠性幼儿园覆盖率达 66%，学前三年毛入园率达 90% 以上，高出全国平均水平 10 多个百分点，提前完成"十三五"规划预期目标。三是推动义务教育均衡发展。截至 2017 年底，共有 93 个旗县通过国家义务教育基本均衡县评估验收认定，全区小学适龄儿童入学率为 100%，初中阶段毛入学率为 98.88%，均高于全国水平。四是普及高中阶段教育。2017 年全区拥有自治区示范高中 67 所，占普通高中总数的 22.87%，高中阶段教育进入优质特色多样化发展新阶段，2017 年高中阶段毛入学率达 93.23%。五是提高高校教学水平和创新能力。内蒙古大学生物学入选"双一流"建设项目，2017 年内蒙古新增博士学位一级学科授予点 12 个，硕士学位一级学科授予点 14 个。六是重视特殊教育发展。推进特殊教育提升计划，基本实现了义务教育阶段残疾儿童少年教育的全面保障。七是支持和规范民办教育发展。出台了《内蒙古自治区人民政府关于鼓励社会力量兴办教育促进民办教育健康发展的实施意见》，对民办学校实行非营利性和营利性分类管理。

三、促进就业创业

一是推动创业带动就业。建立了全国首家"四众"创业市场,内蒙古大学生创业园、包头稀土谷创业园被人社部确定为第三批全国创业孵化示范基地。启动"就业创业工程"和"创业内蒙古行动",通辽市被国务院表彰为"全国创建创业型先进城市"。2016～2017年累计创业培训 10.73 万人,发放创业担保贷款 41.64 亿元,扶持 8.23 万人成功创业,实现创业带动就业 27.89 万人。二是促进重点人群就业。深入实施高校毕业生就业创业促进计划,合理确定就业困难人员范围,实行实名制动态管理,两年累计为 832 户"零就业家庭"中的 848 人提供就业岗位,城镇"零就业家庭"保持"动态清零",2016～2017年为内蒙古重点人群就业情况如表 2-10 所示。三是完善就业创业服务体系。建立了自治区 5 级公共就业服务网络,对内蒙古城镇新安置就业、登记失业等 9 类人员实现了实名制动态管理。2016～2017年累计发放创业担保贷款 41.64 亿元。

表 2-10 2016～2017 年内蒙古重点人群就业情况

单位:万人,%

年份	城镇新增就业	高校毕业生就业	农牧民转移就业	就业困难人员就业	城镇失业人员再就业	城镇登记失业率
2016	26.84	13.99	256.90	6.00	5.80	3.65
2017	26.10	15.30	251.70	5.70	5.70	3.63

四、完善收入分配机制

稳步实施工资收入分配制度改革,制定了《关于促进城乡居民增收的若干意见》，进一步完善机关事业单位工资收入分配制度，调整机关事业单位基本工资标准，出台了旗县以下公务员职务与职级并行制度、乡镇工作补贴制度，强化企业收入分配调控。2016~2017 年城镇常住居民人均可支配收入增速和农村牧区常住居民人均可支配收入增速年均增速分别达到 8% 和 8.1%，分别高于地区生产总值增速 2.4 个百分点和 2.5 个百分点。

五、健全社会保障体系

一是完善社会保险制度。全面推进机关事业单位养老保险制度改革，实现机关事业单位和企业养老保险制度并轨。全面实施全区统一的城乡居民基本医疗保险制度，原"新农合"医保目录提高到 2600 种，报销比例提高 10 个百分点。经基本医疗报销后的大病医疗费用平均报销比例达 60%，高于国家水平 10 个百分点。全区居民医保、城镇职工政策内住院费用平均报销比例分别达到 75% 和 85%。跨省异地就医四类备案人员住院费用实现直接结算。二是健全社会救助体系。全区 103 个旗县和 790 个苏木乡镇全部建立了困难群众基本生活保障工作协调机制，2016~2017 年累计保障城市、农村牧区特困人员 19.42 万人。三是完善社会福利制度。率先在全国实现"救急难"工作全覆盖，2016~2017 年累计保障孤儿 10687 名，为 25136 名农村牧区留守儿童建立了"一人一档"。四是构建多层次住房保障和供应体系。2016~2017 年全区城市棚户区改造累计完成 45.4 万套，2198 个城镇社区基础设施建设面积全部达到建设标准。

六、推进健康内蒙古建设

一是不断加强公共卫生服务。截至 2017 年，内蒙古人口平均寿命 74.44 岁，孕产妇死亡率和 5 岁以下儿童死亡率分别为 0.13‰，均在"十三五"规划要求的控制范围内。二是进一步完善医疗卫生服务体系。2016

年和2017年家庭医生签约服务覆盖率分别为25.4%和52.8%。每千人口医疗卫生机构床位数由2015年的5.15张增加到2017年的5.95张。三是大力发展蒙医药事业。制订实施《蒙医药中医药发展战略规划纲要（2016—2030年）》，公立蒙医中医医院增加到122所，病床增加到2万张，专业技术人员增加到2万余人，获评国家重点学科重点专科36个。四是深化医药卫生体制改革。全面推开盟市公立医院综合改革，83个旗县开展分级诊疗。推进政府办基层医疗卫生机构和公立医院全面落实定点生产品种配备使用政策，实施县乡村一体化采购和配送。进一步健全全民医保体系，"新农合"参合率稳定在95%以上。五是增强公民体质。2017年全区经常参加体育锻炼的人数比例达41%，较2015年提高约1个百分点。

第三章

内蒙古高质量发展面临关键问题和多重约束

第一节　经济增长压力大，面临失速失位风险

　　"十三五"规划以来，内蒙古经济较好地实现了由高速增长向中高速增长的转变，经济运行态势总体平稳。但从经济发展的趋势看，经济下行的压力较大。内蒙古地区生产总值增速的走势从2015年的7.7%下降到2018年的5.3%，低于全国1.3个百分点（见图3-1）。其中，2017年地区生产总值增速仅为4%，经济增速掉入谷底。尽管2018年经济增速有所回升，但经济下行压力仍然较大。横向对比，2017年内蒙古经济增速排全国倒数第三位，地区生产总值总量降到全国排名第21位（见表3-1），正在重回"第三梯队"。从盟市情况看，2016～2017年地区生产总值增速均出现明显下滑（见表3-2），其中呼伦贝尔、通辽市赤峰、巴彦淖尔、阿拉善等盟市增速均低于全区平均水平。从产业构成看，除第一产业增加值增速波动较小外，第二、三产业增加值增速都明显下降。第二产业增加值增速由2015年的8%下降到2017年的1.5%和2018年上半年的4.6%。其中，规模以上工业增加值增速出现了较大的波动，由2015年的8.6%下降到

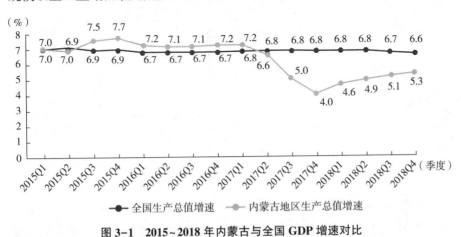

图3-1　2015～2018年内蒙古与全国GDP增速对比

2017 年的 3.1% 和 2018 年上半年的 5.8%。第三产业增加值增速由 2015 年的 8.1% 下降到 2017 年的 6.1% 和 2018 年上半年的 5.3%。

表 3-1 2008~2018 年内蒙古 GDP 在全国及西部地区排名

年份 类别	2008~2014	2015~2017	2018
全国	15	16	21
西部地区	2	2	6

表 3-2 2015~2017 年各盟市地区生产总值增速

单位:%

年份 地区	2015	2016	2017
呼和浩特	8.3	7.7	5.0
包头	8.1	7.6	5.5
呼伦贝尔	8.1	7.0	0.1
通辽市	7.8	7.4	0.3
赤峰市	8.1	7.3	3.6
兴安盟	9.0	8.0	4.0
锡林郭勒盟	7.7	7.2	4.3
乌兰察布市	8.0	6.8	5.3
鄂尔多斯	7.7	7.3	5.8
巴彦淖尔	7.5	7.0	3.7
乌海	7.5	6.8	5.3
阿拉善盟	7.5	7.8	3.9

内蒙古经济增速之所以持续下滑,直接原因主要是投资出现了"断崖式"下降。固定资产投资在内蒙古经济增长中发挥着极为重要的作用,但

在实际运行中，内蒙古固定资产投资增速从 2015 年的 13.9% 下滑到 2017 年的-7%，2016~2017 年年均增速为 2.1%。例如，2018 年上半年则进一步下降为-38.3%（见图 3-2）。在固定资产投资的 13 个主要行业中，仅有信息传输、软件和信息技术服务业的投资为正增长（见表 3-3）；全区 500 万元以上项目固定资产同比下降 38.3%，民间投资同比下降 23.4%，基础设施投资同比下降 47.9%。与此同时，消费增长乏力，维持在较低水平并出现回落。到 2018 年上半年，全区社会消费品零售总额增长比全国平均水平低 2.5 个百分点，对经济增长的贡献率也比全国低近 20 个百分点。消费贡献出现外流也是原因之一，2017 年"双 11"内蒙古地区的交易额为 18.76 亿元，而内蒙古对外销售量仅为 1.35 亿元。根据国家发展改革委贸经司反馈的网上零售额数据显示，2018 年上半年全区通过互联网售出的网上零售额 168.5 亿元，通过互联网购买的网上零售额为 495.5 亿元，买入与卖出相差 327 亿元。

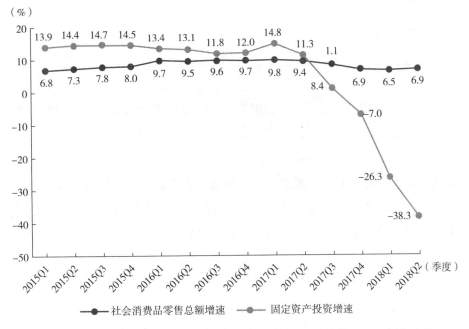

图 3-2　2015~2018 年上半年内蒙古固定资产投资与社会消费品零售总额走势

表 3-3 2018 年上半年主要行业固定资产投资增速情况

单位:%

指标	累计增长
农林牧渔业	-48.7
采矿业	-27.9
制造业	-29.2
电力、燃气及水的生产和供应业	-36.9
建筑业	-100.0
批发和零售业	-65.3
交通运输、仓储及邮政业	-52.3
信息传输、软件和信息技术服务业	63.3
金融业	-2.3
教育	-35.0
卫生和社会工作	-39.1
文化、体育和娱乐业	-54.0
公共管理和社会组织	-82.4

尽管当前经济发展不唯"GDP"论,但是如果经济增速持续走低,内蒙古与其他省区市的发展差距就会进一步拉大,既会影响对经济未来发展的预期,也会影响内蒙古推进经济高质量的基础。同时,经济下行也会使过去掩盖的问题凸显,激发更大的经济社会问题,为后续加快发展埋下隐患。例如,GDP 每增长 1 个百分点,就会拉动就业增加 1%~2%,若经济增长继续下降,就业压力就会增大,影响社会稳定。

第二节　产业结构调整任重道远，对资源型产业依赖仍然较重

一、内蒙古产业结构调整概况

党的十八大以来，尽管内蒙古加大产业结构调整力度，努力促进产业转型升级，取得了一定成效，但受资源依赖、路径依赖、惯性思维等影响，产业调整步伐缓慢，产业结构仍比较单一，"传统产业多新兴产业少、低端产业多高端产业少、资源型产业多高附加值产业少、劳动密集型产业多资本科技密集型产业少"仍然是内蒙古产业结构面临主要问题。

从统计数据看，内蒙古三次产业比重已由 2010 年的 9.5∶54.6∶35.9 调整到 2017 年的 10.2∶39.8∶50.0，第三产业比重提升了 14.1 个百分点，达到 50%，已经超越第二产业，成为现代产业体系比较理想的比重，也是内蒙古多年来结构调整的期望比重。但从三次产业实际情况看，内蒙古第三产业增长速度由 2010 年的 12.1% 下降到 2017 年的 6.1%，第二产业增速由 2010 年的 18.2% 下降到 2017 年的 1.5%，第一产业增速由 2010 年的 5.8% 下降到 2017 年的 3.7%。可见，内蒙古第三产业的比重上升并非加速发展，而是与第二产业相比，减速幅度较小所致。也就是说，由于第二产业增速大幅下滑，致使减速较小的第三产业比重快速提升，因此，第三产业"较好"的比例关系，代表的不是调结构、促发展的结果，也不能掩饰产业结构调整缓慢的现实。内蒙古作为欠发达的边疆落后地区，本应是工业加速发展、尽快赶超的关键时期，用工业的一马当先带动农牧业原料产业和服务业配套产业协调发展，但由于工业增速和比重的快速大幅下降，增加了转方式的难度，放缓了调结构的步伐。

从三次产业内部看，第一产业中的畜牧业比重提高缓慢，仅占农牧业增加值的44%，距离内蒙古"为养而种、为牧而农"，畜牧业占比超过50%的结构调整目标相差较大。同时，内蒙古多年来"玉米一粮独大、肉羊一畜独大"的结构性问题仍很突出；2017年内蒙古玉米种植面积达到3394万亩，种植面积居首，远大于其他粮食作物，玉米产量仍占粮食产量的75%以上；肉羊数量仍占牲畜总头（只）数的75%以上，羊肉产量占肉类产量近40%；由于农牧业结构调整缓慢，玉米、羊肉供给相对过剩，价格较低，生产效益不高，加上传统粗放的生产经营方式，缺乏大型精深加工的龙头企业，使内蒙古农牧业发展质量不高，抵御市场风险的能力较弱，农牧民增收困难。第二产业中，内蒙古是以能矿资源为主导的工业产业，产品以原材料和初级加工产品为主，产业链条短、精深加工不够，转化增值水平较低，结构单一化、发展粗放化、产业初级化、产品低端化问题仍然比较突出。2017年，内蒙古煤炭和煤电等能源行业增加值约占工业增加值的55%以上，比2015年提升了近10个百分点，多年来"一煤独大"的产业结构不但没有改善，而且经济增长加深了对煤炭产业的依赖；特别是内蒙古轻重工业结构性问题更加突出，有重工业更"重"，轻工业更"轻"的产业结构变化趋势。例如，2017年内蒙古重工业增加值增速比2015年下降了2.6个百分点，而轻工业增加值增速则下降了21个百分点，致使内蒙古煤炭、煤电、冶金、建材等能矿资源型重工业增加值仍占规模以上工业增加值超过了75%，对工业增长的贡献率超过了80%，而轻工业所占工业增加值比重不断下降，农畜产品加工业占工业增加值比重由2015年超过16%，下降到2017年不足11%。第三产业中，生活性服务业比重大，生产性服务业比重小；传统服务业比重大，新兴服务业比重小。"十三五"以来，内蒙古生活性服务业约占第三产业增加值的55%，而更能体现高质量发展的生产性服务业约占第三产业增加值的45%，按照国际上通常水平，1元工业增加值需要1元以上的生产性服务业提供服务配套，目前内蒙古工业增加值和生产性服务业增加值的比例为1：0.6，生产性服务业有效供给缺口接近40%；由于生产性服务业发展的严重不足，服务工农业的能力较弱，与工农业融合的水平较低，致使内蒙古整体经济协调不够、质量不高、效益较低，仍然处于"微笑曲线"的最底端。尤其是内蒙古新产业、新业态发展缓慢，对经济增长和结构调整的贡献微弱。比如，2017年全区战略性新兴产业仅占地区生产总值3.2%，高新技术产业增加值占规模以上工业增加值比重仅为2.5%，低于江浙等发达省区近40个百分点，也低于河北省等周边省区近16个百分点，智慧经济、绿色经济和高端装备制造等产业基本处于空白阶段。

二、内蒙古"资源诅咒"现象的识别与测度

已有研究表明，资源富集地区若过度依赖资源开发则会产生"资源诅咒"现象，进而对本地区经济增长带来负面影响。例如 Vincent（1997）、Sachs 和 Warner（2001）、Gylfason（2001）、Papyrakis 和 Gerlagh（2004）、Gylfason 和 Zoega（2006）、Stijns（2006）、Libman（2010）、James 和 Aadland（2011）等实证研究均表明，对于世界上许多资源富集的国家或地区，若不进行技术和制度创新，一国或地区自然资源对其经济增长不仅未产生积极的正向作用，反而会成为阻碍经济增长的陷阱，即资源富集程度与经济增长之间存在负相关关系。那么作为典型的资源富集型地区，内蒙古在经济发展过程中是否存在"资源诅咒"现象，则需要进一步探究。

1. "资源诅咒"指数构建

在对"资源诅咒"现象进行定量检验方面，苏迅（2007）通过构建资源贫困指数对地区资源禀赋和经济增长反差程度进行了定量测算。具体地，资源贫困指数由地区矿业产值比重除以地区生产总值比重得到，指数值大于1表明该地区出现"资源诅咒"现象，指数值越大则"资源诅咒"越严重。姚予龙等（2011）认为，资源贫困指数并不是一个能够准确衡量地区资源富集度与经济增长之间反差程度的度量指标，他们在苏迅（2007）资源贫困指数的基础上进行了相应改动，将地区一次能源产量占

比与第二产业产值占比的比值作为衡量"资源诅咒"现象的量化指标。

"资源诅咒"指数是测度某地区自然资源富集程度与经济增长速度之间偏离程度的指标。一般来讲，某地区"资源诅咒"指数数值越大，该地区受"资源诅咒"的程度越大。根据"资源诅咒"指数的含义，部分文献采用地区自然资源富集度对经济增长的比值研究地区"资源诅咒"现象是否存在以及经济增长受"资源诅咒"程度的大小。郭建万和袁丽（2009）认为，为了解决指标同口径问题，在考察自然资源丰裕对经济增长贡献时应当使用工农业产值。曾波和苏晓燕（2006）认为，第二产业生产消耗了大部分的能源资源。许秀川和罗倩文（2008）、古丽娜尔·玉素甫（2008）的研究表明，第一产业和第三产业产值与能源消耗之间呈负相关，而第二产业产值与能源消耗之间呈正相关。因此，使用资源富集度与第二产业产值比重更能准确反映资源禀赋对经济增长的贡献（姚予龙等，2011）。

受数据限制，目前国内关于"资源诅咒"的研究主要围绕原煤、原油、天然气等能源"资源诅咒"展开（徐康宁和韩剑，2005；徐康宁和王剑，2006；苏迅，2007；姚予龙等，2011；安锦和王建伟，2015），因此各地区"资源诅咒"现象的考察和检验主要针对能源"资源诅咒"问题。根据数据可获取性，本节采用区域经济中区位熵的测算方法，借鉴姚予龙等（2011）的方法构建"资源诅咒"指数并进行测算，从而对内蒙古是否存在"资源诅咒"现象进行初步检验。具体地，"资源诅咒"指数如下所示：

$$RC_i = \frac{NRO_i / \sum_{i=1}^{n} NRO_i}{SIO_i / \sum_{i=1}^{n} SIO_i} \qquad (3-1)$$

其中，RC_i 表示"资源诅咒"指数，NRO_i 表示 i 地区一次能源产量，SIO_i 表示 i 地区第二产业增加值，n 表示地区数量。徐康宁和韩剑（2005）、徐康宁和王剑（2006）、安锦和王建伟（2015）等使用能源资源基础储量或消耗量衡量地区能源资源禀赋。本书认为，一次能源的生产量更能准确反映地区经济发展对能源资源的依赖程度①。由于不同能源资源产量统计单位不同，因此需要将不同能源资源换算成统一的能源产量。按照中国科学院提出的折算公式将原煤、原油、天然气等能源资源产量换算成标准能源产量，折算公式为：一次能源产量（亿吨）= 原煤产量（亿吨）× 0.714t/（吨）+原油产量（亿吨）×1.43t/（吨）+天然气产量（亿立方米）×1.33t/1000（立方米）。从中可以看出，"资源诅咒"指数是各地区一次能源资源产量占全国能源资源产量比重与各地区第二产业增加值占全国第二产业增加值比重的比值，衡量了各地区资源富集度与经济发展之间是否存在偏离以及偏离程度大小。若 $RC_i>1$，意味着该地区能源资源产量占比大于该地区第二产业产值占比，表明该地区的资源禀赋优势尚未能转变为相应的经济增长优势。换句话说，该地区存在"资源诅咒"现象，并且"资源诅咒"指数测算值越大，该地区遭受"资源诅咒"的程度越深。若 $RC_i<1$，则表明该地区经济发展并未受到"资源诅咒"。

2. 测算结果与分析

本书选取了 2010~2017 年中国 30 个省份数据进行"资源诅咒"指数测算。受数据可得性限制，样本不包括香港、澳门、台湾和西藏自治区数据。相关数据来源于历年的《中国统计年鉴》和《中国能源统计年鉴》。根据式（3-1）测算得出 2010~2017 年各地区"资源诅咒"指数值如表 3-4 所示。

表 3-4　2010~2017 年各地区"资源诅咒"指数测算结果

年份 地区	2010	2011	2012	2013	2014	2015	2016	2017
北京	0.074	0.073	0.070	0.086	0.099	0.114	0.120	0.088
天津	0.725	0.626	0.564	0.538	0.518	0.611	0.751	0.755

---

① 这是因为通常情况下只有被开采出来的能源资源才会对地区经济增长产生实质性影响，而潜在的能源储量在其未被开采出来之前，只是一种原生态的自然物质，往往不会对地区经济产生直接影响。因此能源储量指标在更大程度上算是一种资源环境学或地理学指标，而能源产量指标才是一种更符合逻辑的经济学指标。基于此，本书使用各地区的能源产量指标构建"资源诅咒"指数。

续表

年份\地区	2010	2011	2012	2013	2014	2015	2016	2017
河北	0.545	0.503	0.540	0.378	0.359	0.388	0.416	0.396
山西	7.105	7.249	7.782	8.510	9.072	11.958	13.688	11.038
内蒙古	6.200	6.720	6.790	6.602	6.686	6.459	8.125	11.911
辽宁	0.482	0.420	0.379	0.339	0.306	0.342	0.602	0.547
吉林	0.769	0.703	0.753	0.419	0.407	0.392	0.384	0.350
黑龙江	1.826	1.703	1.688	1.728	1.739	1.986	2.597	2.786
上海	0.005	0.005	0.005	0.004	0.004	0.004	0.005	0.004
江苏	0.057	0.054	0.053	0.051	0.048	0.045	0.041	0.037
浙江	0.001	0.001	0.000	0.000	0.000	0.000	0.000	0.000
安徽	1.041	0.934	0.918	0.811	0.706	0.780	0.854	0.795
福建	0.168	0.159	0.115	0.090	0.078	0.078	0.081	0.063
江西	0.285	0.279	0.244	0.235	0.208	0.175	0.145	0.071
山东	0.504	0.497	0.520	0.455	0.430	0.421	0.458	0.461
河南	0.892	0.787	0.582	0.619	0.530	0.516	0.538	0.506
湖北	0.097	0.065	0.055	0.068	0.061	0.050	0.041	0.025
湖南	0.540	0.496	0.493	0.380	0.274	0.179	0.172	0.114
广东	0.088	0.080	0.082	0.083	0.079	0.097	0.107	0.104
广西	0.085	0.077	0.070	0.071	0.060	0.042	0.053	0.059
海南	0.065	0.059	0.051	0.064	0.060	0.069	0.076	0.070
重庆	0.529	0.435	0.344	0.411	0.379	0.380	0.353	0.233
四川	0.793	0.718	0.652	0.478	0.546	0.549	0.715	0.685
贵州	4.449	3.920	3.879	3.431	2.933	2.644	2.974	2.657
云南	1.520	1.453	1.348	1.313	0.544	0.612	0.662	0.614
陕西	4.273	4.187	4.236	4.400	4.302	4.758	5.731	5.719
甘肃	1.216	1.120	1.108	1.032	1.033	1.158	1.415	1.292
青海	2.314	2.136	2.213	2.543	1.746	1.261	1.552	1.764
宁夏	4.131	4.274	4.287	4.245	3.928	3.706	3.906	4.036
新疆	3.815	3.694	4.191	4.254	3.992	4.651	5.996	5.530

资料来源：笔者计算整理。

从表3-4中可以大致看出，在样本考察期间，山西、内蒙古、贵州、甘肃、宁夏、青海、新疆、陕西、黑龙江等地区一直存在"资源诅咒"现象。有些地区比如安徽和云南，受"资源诅咒"严重程度大致呈递减态势，直到"资源诅咒"现象消失；此外，贵州、青海近年来"资源诅咒"效应也有所衰减。而有些地区如山西、内蒙古、黑龙江、陕西、新疆近年来"资源诅咒"效应表现出强化的趋势。与这些地区相比，北京、广东、江苏、上海、浙江等地在样本考察期间并不存在"资源诅咒"现象。

从表3-4中可以看出，在区域分布方面，"资源诅咒"现象主要集中出现在西部地区，西部地区往往自然资源富集，资源丰裕程度平均高于东部地区，在资源富集的条件下，西部地区更容易走上资源依赖型的经济发展道路，长期以来形成了依赖资源要素投入推动经济增长的发展方式，粗放的资源导向型发展模式并未能促使西部地区经济实现又好又快发展，反而带来了资源能源过度消耗、生态环境损害严重等问题。与之相比，东部地区尤其是东部沿海地区，其自然资源虽然与西部地区相比较为贫乏，然而平均经济发展水平和增长速度却高于西部地区，表明东部地区经济发展摆脱自然资源限制约束，更多依靠制度创新、技术进步、人力资本积累驱动经济增长，因此并未出现"资源诅咒"问题。

为了更加清晰直观地描述各地区"资源诅咒"的相对程度，在历年30个省份"资源诅咒"指数值的基础上，本书计算了2010~2017年样本考察期间各地区"资源诅咒"指数值的平均值，如图3-3所示。

借鉴苏迅（2007）、姚予龙等（2011）对"资源诅咒"分区阈值的划定标准，将"资源诅咒"指数均值大于4的地区划定为"资源诅咒"高危区；将"资源诅咒"指数均值介于2~4的地区划定为"资源诅咒"严重区；将"资源诅咒"指数均值介于1~2的地区划定为"资源诅咒"边缘区；将"资源诅咒"指数均值小于1的地区划定为无"资源诅咒"地区。依据这一界定标准，从图3-3可以看出，山西、内蒙古、陕西、新疆"资源诅咒"指数均值分别为9.550、7.437、4.701和4.515，属于"资源诅咒"高危区，表明这四个地区并未充分发挥资源促进地区经济经济增长的

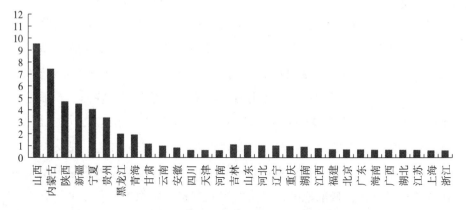

图3-3 各地区"资源诅咒"指数均值

作用，资源禀赋并未构成促进经济增长的有利条件，即资源禀赋优势并未转化为相应的经济优势，自然资源富集度甚至在某种程度上制约了社会经济健康可持续发展。因此，这四个地区亟须转变经济发展方式，进而促进经济实现可持续增长。宁夏、贵州、黑龙江三个地区的"资源诅咒"指数的平均值介于2~4，属于"资源诅咒"较为严重的地区，表明这三个地区的资源丰裕程度与经济增长之间偏离程度较高，地区发展已经表现出较为明显的"资源诅咒"现象。青海、甘肃、云南三个地区的"资源诅咒"指数均值介于1~2，属于"资源诅咒"边缘区或"资源诅咒"过渡区，表明这三个地区在发展的过程中开始出现"资源诅咒"的苗头，但是考虑到正常波动，这些地区"资源诅咒"程度较为轻微，尚处于比较安全的范围区间。这些地区尤其要注重资源开发利用和经济发展之间的关系，避免过于依赖资源型产业的发展从而跌入严重的"资源诅咒"陷阱。除上述地区外，其余地区"资源诅咒"指数平均值均小于1，属于无"资源诅咒"现象的地区，表明这些地区经济发展的速度高于其资源富集度所决定的增长速度。其中浙江省的"资源诅咒"指数均值最小，2010~2017年均值仅为0.0002，表明浙江省经济社会发展并未受到资源约束限制，经济增长更多地依靠科技和制度创新以及人力资本积累，经济实现了集约型发展。

图 3-4 描绘了 2010~2017 年内蒙古"资源诅咒"指数变化情况,可以看出,2010~2017 年,内蒙古"资源诅咒"指数值大体呈逐渐上升的趋势,尤其是 2015 年以来,"资源诅咒"指数大幅上升,2017 年达到 11.911。就"资源诅咒"指数本身含义来看,较高的"资源诅咒"指数揭示出内蒙古资源富集度与经济增长之间存在较大偏离程度,经济发展遭受了较为严重的"资源诅咒",资源禀赋优势并未形成其经济发展的有利条件,反而会在一定程度上拖累甚至制约其经济进一步发展,反映出作为典型资源富集型地区的内蒙古经济增长过于依赖煤炭等资源能源行业,能源导向型的发展模式以及粗放的发展方式对其未来经济社会持续健康发展存在潜在的危害。

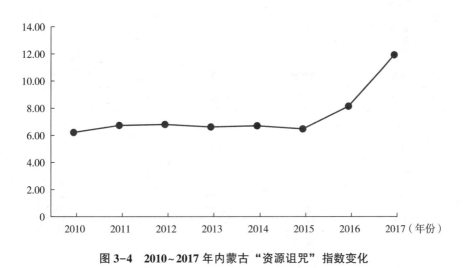

图 3-4　2010~2017 年内蒙古"资源诅咒"指数变化

3. 内蒙古"资源诅咒"来源分析

除了对内蒙古"资源诅咒"现象的存在性进行识别之外,还应找出"资源诅咒"现象的来源。表 3-5 列出了 2000~2017 年内蒙古原煤、原油、天然气以及水电、核电和其他能源占能源生产总量的比重。可以看出,样本期间内蒙古原煤产量占能源生产总量的比重始终远高于其他能源,均值达到 93.70%,反映出内蒙古"一煤独大"的能源生产结构。丰富的煤炭资源使内蒙古更加趋向于优先发展煤化工等资源型产业,导致内蒙古经济增长对煤炭资源的依赖程度极高，其"资源诅咒"现象主要来源于煤炭。

表 3-5 内蒙古能源生产构成

单位:%

年份 \ 能源	原煤	原油	天然气	水电、核电和其他能源
2000	95.9	2.75	—	—
2001	96.40	2.01	1.41	—
2002	97.21	1.40	1.22	—
2003	97.14	1.22	1.30	—
2004	97.32	1.04	1.34	—
2005	95.86	1.10	2.69	0.36
2006	95.33	1.10	3.17	0.40
2007	94.71	0.89	3.51	0.88
2008	94.52	0.75	4.00	0.74
2009	92.87	0.67	4.84	1.62
2010	92.35	0.53	5.42	1.70
2011	92.50	0.49	5.55	1.47
2012	92.44	0.44	5.38	1.73
2013	91.25	0.47	6.15	2.14
2014	91.04	0.46	6.21	2.29
2015	89.81	0.45	6.88	2.86
2016	89.21	0.47	6.86	3.45
2017	90.49	0.33	5.24	3.94
平均	93.70	0.92	4.18	1.80

资料来源：根据历年《内蒙古统计年鉴》数据计算整理。

4. 内蒙古资源型产业规模变化与经济增速变化的关系

根据已有研究，如果一个国家或地区"资源诅咒"现象发生后，那么这个国家或地区的资源型产业与经济增速的关系会发生较为严重的不一致或相互"背离"。从内蒙古资源型产业规模变化与经济增速变化的关系来看，21世纪以来，我国进入能源重化工业大发展时期，内蒙古加快实施资源转换战略，2012年原煤产量达到历史最高点10.66亿吨，能源重化工业比重也开始快速上升，轻重工业关系上升到2.3∶1。从内蒙古原煤产量占全国原煤产量比重看，已经从2000年的3.6%快速上升到2017年的25.7%，其中鄂尔多斯市成为全国煤炭产量和煤炭输出量最大的地级城市。从2005年开始，内蒙古原煤产量与经济增速关系的负相关关系越来越明显，一方面原煤产量快速上升，另一方面经济增速快速下行。经济增速已经由2005年的23.8%快速下行到2017年的4%，下行幅度是全国同期平均水平的2倍以上（见图3-5）。这表明，从统计分析角度看，内蒙古对资源型产业特别是初级采矿业的过度依赖，对经济增长产生了巨大的下行压力。

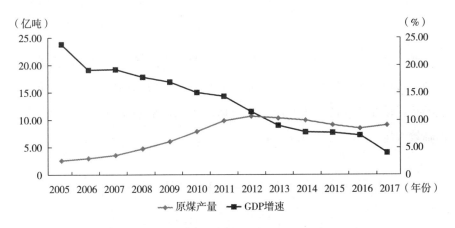

图3-5　内蒙古原煤产量与 GDP 增速关系变化情况

资料来源：根据历年《中国统计年鉴》和《内蒙古统计年鉴》相关数据整理。

通过上述分析可以看出，过于依赖能源资源导向的发展模式会使内蒙古陷入"资源诅咒"陷阱，进而危害其经济社会的持续健康发展。此外，大规模的资源开发也给内蒙古资源环境的综合承载能力产生重大影响，虽然近年来生态建设和环境保护在局部地区有明显好转，但总体来看，资源开发与生态环境的关系十分紧张。例如，在生态环境方面，内蒙古"资源诅咒"效应主要来源于煤炭生产，不合理、不科学的煤炭开采会对生态环境产生严重的影响，导致土壤、大气和水资源污染、生物多样性破坏、地质灾害等一系列生态环境问题。有报道称，煤炭过度开采导致内蒙古阿拉善左旗大片草场和植被遭到了破坏，草牧场变成了化工企业开发用地，大量工业污水和废气蔓延在草场上，绿色草原变为垃圾场①。综上所述，若资源富集的内蒙古继续固化原有的资源型分工，依赖传统的资源导向型发展模式，未能相应地进行发展方式转变和发展动力转换，那么未来将难以实现经济社会高质量发展。

第三节　新旧动能转换滞后，拖累高质量发展进程

新旧动能转换是指培育新动能、改造旧动能。目前，内蒙古仍处于新旧动能转换的艰难阶段，传统动能逐渐减弱，而新的动能又尚在培育，这也导致新动能带来的增长不能对冲旧动能弱化带来的缺口，使得经济发展面临较大压力。

一、内蒙古新旧动能转换存在的突出问题

1. 科技创新能力方面

内蒙古总体仍然没有从要素驱动型模式转向创新驱动型模式，科技创新严重滞后。2017 年，全区科技进步贡献率不足 50%，较全国平均水平低 10 个百分点左右，科技创新综合能力居全国后列。科技创新的投入方面，2017 年全区 R&D 经费投入首次出现负增长，R&D 经费支出占地区生产总

---

① 详见 http://finance.ifeng.com/huanbao/zrst/20090821/1123927.shtml。

值的比重仅为0.76%，低于全国平均水平的1.36个百分点；全区规上工业企业R&D经费支出108.3亿元，同比下降15.4%。未来若R&D经费支出不能持续提高比重，全区的科技研发活动将会受到进一步影响。企业技术创新主体地位方面，全区大中型企业中仅有10%左右企业有研发机构，具有产业特色的高水平研发机构数量更少，难以满足转型升级要求。2017年在全区2802个规上工业企业中开展R&D活动的企业仅有345个，仅占全部规上工业企业的12.3%。全区高技术制造业企业中，有R&D活动的仅占44.6%。同时，受创新链与产业链优化配置和融合互动不畅影响，传统产业链延伸受限、新兴产业链引不进来、落不了地，新旧动能转换接续步伐缓慢，推动全区由要素投入型经济向创新驱动型经济转型需要"爬坡过坎"。

2. 新旧产业转换方面

一是传统产业升级步伐慢。农畜产品普遍以大路传统产品为主，优质优价的产品较少。能源化工产品高端化、精细化比重不高，规模以上企业资源加工转化效率由2015年的67.5%下降到2017年的65.2%。在近年来工业产品价格上涨的有利条件下，部分工业园还在走单一扩规模的老路，忽视对自身产业链进行相应的延伸升级。例如，能源原材料产品就地加工转化率仍然较低。"十二五"规划期间全区累计生产煤炭49.2亿吨，其中外运30亿吨，占比达到61%。目前全区仍有1400万千瓦富余火电装机。化工产品以基础原料型产品为主，精细化工产品少。铝加工产能（板带、挤压材）不足55万吨/年，是电解铝产能的1/8左右。铜加工产品以铜杆线（或铜丝）等普通中低端产品为主，铅、锌、锡等产品基本全部外运。二是低端无效产能依然存在。例如，一些工业园区，特别是一些起步较早的园区，已经有一定存量的低端无效产能，有的长年停产，有的资不抵债、连年亏损、靠借贷维持，有的长年停工、建设不下去的"半拉子"工程，这些"僵尸企业""僵尸项目"长期占用着大量要素资源，导致一些新引进的大项目难以落地。三是新兴产业发展步伐慢。全区战略性新兴产业和生产性服务业总体规模偏小，产业比重偏低，对经济增长的拉动作用还比较有限，新动能的培育和成长仍需较长时期。2017年全区战略性新兴产业仅占地区生产总值 3.2%, 高新技术产业增加值占规模以上工业增加值比重仅为 2.5%, 低于江浙等发达省区近 40 个百分点, 也低于河北省等周边省区近 16 个百分点。

3. "四新" 培育方面

新技术供给能力水平较低。2017 年全区有效发明专利量为 4505 件, 每万人发明专利拥有量为 1.79 件 (见表 3-6)。其中, 有效发明专利量仅高于与内蒙古相邻省区的宁夏, 每万人发明专利拥有量全部低于周边省区, 这反映出内蒙古新技术供给能力存在突出 "短板"。受科技成果有效供给和有效需求不足、科技成果转化服务体系不完善和应用性研究资源投入不够等原因影响, 内蒙古科技成果转化能力和水平也处在比较低的程度。新产业培育亟待加强, 全区重大项目三年滚动计划中的高技术、高端装备制造等新兴产业项目数量和投资额分别只占 8.6% 和 9%。新技术产业化应用缓慢。受传统产业技术改造规模大、投资大、运行成本高等因素影响, 新技术推广和产业化应用还比较缓慢。比如, 电石、铁合金行业最先进环保型、节能型密闭炉的比重还只占总产能的 40%。部分 PVC 企业仍在采用高汞触媒, 低汞、无汞技术推广应用难度大, 多数焦炭企业采用湿法熄焦技术, 节能环保的干法熄焦技术应用比例较低。有色金属行业还没有国家级实验室和企业技术研发中心。新业态培育不足, 虽然云计算服务器承载能力较大, 但是在大数据应用方面尚未取得明显进展, 平台经济、共享经济、智能制造、高端装备制造发展严重滞后。新模式培育不足, 对第一、二、三产业融合发展、"互联网+"、共筹共创等许多新模式开发应用滞后, 绿色发展模式有待于在实践探索中进一步落实。

表 3-6　2017 年内蒙古与相邻省区专利相关指标对比

指标	有效发明专利量	每万人发明专利拥有量
全国	—	9.8
内蒙古	4505	1.79

续表

指标	有效发明专利量	每万人发明专利拥有量
甘肃	6045	2.32
宁夏	2215	3.3
陕西	33752	8.9
河北	21499	2.88
山西	10709	2.92
黑龙江	20007	5.266
吉林	11585	4.266
辽宁	33270	7.6

资料来源：根据《中国统计年鉴》数据整理。

4. 新增长极方面

新的增长极也是新的动能。内蒙古东部地区是内蒙古发展潜在的增长极，但当前内蒙古东部地区在地区生产总值、财政收入等方面仅占内蒙古1/3 左右，2016~2017 年生产总值年均增长 4.6%，低于呼包鄂地区 1.9 个百分。而 2017 年呼包鄂地区占据全区经济总量比重仍达到 56%，内蒙古的增长空间出现了一定程度的固化。园区作为新旧动能转化的载体，承担着"拓展产业发展新空间"的重要职能，但当前内蒙古园区从布局到管理、产出、功能都存在许多问题，大部分园区只有生产功能，没有研发功能，甚至一部分园区已经开始从生产功能转向居住、办公功能。内蒙古国家级高新技术产业开发区仅有三个，其中两个开发区的规模和产值还未达到国家标准。同时，产业园区"空心化"是制约产业园区高质量发展的主要矛盾。全区 112 个工业园区中产值最高的近千亿元，最低的不足 1 亿元，产值 20 亿元以下的占 35.4%，税收不足 1 亿元的占 37.2%。一些园区"摊子大、项目少"，投资强度上不去，还有个别园区没有新建项目、新投产项目。此外，现有的创新（客）中心布局分散，各自为政，没有形成智力资源高度集聚，协同创新效果不明显。

二、绿色全要素生产率视角下内蒙古新旧动能转换的实证探析

在经济新常态下，实现经济增长由投入驱动向创新驱动的增长动力转换，最终要以提升全要素生产率作为衡量标准（蔡昉，2016）。因此，可以从全要素生产率视角对新旧动能进行定量分析。随着资源环境约束日益趋紧以及绿色发展理念贯彻落实，绿色全要素生产率将成为经济增长的主导力量，然而传统全要素生产率测算未能充分体现绿色发展的要求。基于此，本书将资源环境约束纳入全要素生产率分析框架，对内蒙古绿色全要素生产率增长率进行测算和评价，在此基础上对内蒙古区域新旧动能转换进行定量研究。

1. 绿色全要素生产率指数测算与评价

（1）绿色全要素生产率增长测算方法——GML 生产率指数。在当前资源环境约束日益趋紧的情况下，将环境影响和排放因素纳入全要素生产率分析框架所构建的绿色全要素生产率指数更能反映资源、环境、经济发展的协调性，更符合绿色发展理念和经济高质量发展的要求。因此，本书在传统全要素生产率测算方法的基础上考虑了资源环境的约束作用，采用环境生产函数方法，将影响生态环境质量的污染物排放（如废水排放量、废气排放量等）作为非期望产出，借鉴 Oh（2010）的做法，使用 GML 生产率指数对内蒙古绿色全要素生产率增长进行测算。

Oh（2010）在 Chung 等（1997）的基础上利用全局生产可能性集 $P^G(x)$ 和全局方向性距离函数构造了 GML 指数。与 ML 指数相比，GML 指数基于 $P^G(x)$，能够有效避免线性规划无解的缺陷。此外，这种连续生产前沿面避免了生产前沿向内偏移的可能性，即避免"技术倒退"现象的出现，从而避免了全要素生产率的"被动"提高。其中全局方向性距离函数定义如下：

$$\vec{D}^{G}(x,\ y^{g},\ y^{b};\ g_{y},\ g_{b}) = \max\{\beta \mid (y^{g} + \beta g_{y},\ y^{b} - \beta g_{b}) \in P^{G}(x)\}$$

$$(3-2)$$

其中，方向向量 $g = (g_{y},\ g_{b})$，表示在 g_{y} 方向上尽可能增加期望产出，在 g_{b} 方向上尽可能减少非期望产出。β 为期望产出增加和非期望产出减少所能达到的最大比例。

在此基础上构建 GML 生产率指数：

$$GML_{t}^{t+1} = \frac{[1 + \vec{D}^{G}(x^{t},\ y^{gt},\ y^{bt};\ g^{t})]}{[1 + \vec{D}^{G}(x^{t+1},\ y^{g(t+1)},\ y^{b(t+1)};\ g^{t+1})]}$$

$$= \frac{[1 + \vec{D}^{t}(x^{t},\ y^{gt},\ y^{bt};\ g^{t})]}{[1 + \vec{D}^{t+1}(x^{t+1},\ y^{g(t+1)},\ y^{b(t+1)};\ g^{t+1})]} \times$$

$$\left[\frac{(1 + \vec{D}^{G}(x^{t},\ y^{gt},\ y^{bt};\ g^{t})) / (1 + \vec{D}^{t}(x^{t},\ y^{gt},\ y^{bt};\ g^{t}))}{(1 + \vec{D}^{G}(x^{t+1},\ y^{g(t+1)},\ y^{b(t+1)};\ g^{t+1})) / (1 + \vec{D}^{t+1}(x^{t+1}, y^{g(t+1)}, y^{b(t+1)}; g^{t+1}))} \right]$$

$$= GEC_{t}^{t+1} \times GTC_{t}^{t+1} \qquad (3-3)$$

其中，技术效率变化 GEC_{t}^{t+1} 反映了资源环境约束下 t 期到 $t+1$ 期某地区实际经济产出与生产前沿的最大产出迫近程度的变化（catch-up），即在技术不变的情况下，劳动、资本、能源等生产要素创造经济产出（GDP）和减少环境污染及排放的能力。技术进步率 GTC_{t}^{t+1} 反映了资源环境约束下某地区 t 期到 $t+1$ 期生产前沿的移动（frontier-shift）。GML_{t}^{t+1}、GEC_{t}^{t+1} 及 GTC_{t}^{t+1} 大于 1 分别表示绿色全要素生产率增长、技术效率改善以及技术进步；反之则相反。

（2）变量选取与数据说明。绿色全要素生产率测度需要同时考虑经济发展、资源消耗及环境污染等诸多投入产出变量。本书选取以下投入和产出变量对内蒙古绿色全要素生产率增长率进行测算。

劳动投入：衡量地区生产过程中实际投入的劳动量。国外文献在衡量劳动投入量时一般使用代表标准劳动强度的劳动时间，由于国内缺乏劳动时间的统计数据，本书使用各地区年末从业人员数衡量劳动投入。

资本投入：一般使用资本存量对资本投入进行衡量。资本存量的计算是一个复杂的过程，目前多数研究采用"永续盘存法"（PIM）对其进行估算，公式为：$K_{it} = K_{it-1}(1 - \delta) + I_{it}$。其中，$K_{it}$ 和 K_{it-1} 分别代表 i 地区 t 和 $t - 1$ 时期的资本存量，I_{it} 为 i 地区 t 时期的固定资产投资额，δ 为资本折旧率。本书在对各地区资本存量的估算过程中，首先利用固定资产投资价格定基指数（以 2000 年为基期）对固定资产投资进行平减，以消除价格波动对变量的影响，从而得到固定资产投资的真实值。然后参考单豪杰（2008）的做法，设折旧率为 10.96%，使用平减后的固定资产投资并以 2000 年为基期对资本存量进行估算，从而得到各地区的资本存量。

能源投入：借鉴庞瑞芝和李鹏（2011）、李斌等（2013）、李兰冰和刘秉镰（2015）等的做法，本书采用能源消费量衡量各地区经济发展中的能源投入。

期望产出：根据大部分文献的做法，本书使用地区生产总值作为衡量各地区期望产出的变量。与资本存量类似，为消除价格因素对变量数据可能产生的影响，使用地区生产总值定基指数对产出变量进行了平减。

非期望产出：现有文献对非期望产出变量的选取并没有统一的标准。借鉴大多数文献的做法，本书选取工业废水排放量、二氧化硫排放量、化学需氧量（COD）排放量三个环境污染物排放指标作为非期望产出。

本书所用数据主要来源于历年的《中国统计年鉴》《中国能源统计年鉴》《中国环境统计年鉴》《中国环境年鉴》。根据数据的可得性，本书研究样本的时间跨度设定为 2010~2017 年，为了将内蒙古绿色全要素生产率增长情况与其他地区进行对比，本书将样本区间范围设定为我国 30 个省份，由于西藏和港澳台地区数据可得性受限，故将这些地区从研究样本中剔除。

（3）测算结果与评价。基于 2010~2017 年全国 30 个省份投入产出数据，使用 GML 生产率指数对各地区绿色全要素生产率指数进行测算，结果如表 3-7 所示。

表 3-7　各地区绿色全要素生产率指数

地区＼年份	2010～2011	2012～2013	2014～2015	2016～2017
北京	1.031	1.028	1.026	1.030
天津	1.015	1.012	1.009	1.007
河北	1.014	1.013	1.008	1.003
山西	0.986	0.989	0.997	0.994
内蒙古	1.011	1.006	1.004	0.995
辽宁	1.023	1.012	1.001	0.979
吉林	1.040	1.049	1.021	0.996
黑龙江	0.998	0.980	1.041	0.984
上海	1.017	1.005	1.005	1.006
江苏	1.019	1.022	1.003	1.012
浙江	1.026	1.048	1.041	1.020
安徽	0.983	0.961	1.034	1.019
福建	1.002	1.057	1.073	1.022
江西	1.013	1.038	1.032	1.014
山东	1.012	1.015	1.007	1.005
河南	1.015	1.024	1.037	1.013
湖北	1.007	1.047	1.042	1.019
湖南	0.967	1.022	1.048	1.011
广东	1.004	1.003	1.003	1.027
广西	0.927	1.023	1.037	1.009
海南	1.007	1.006	1.002	1.002
重庆	1.050	1.038	1.030	1.033
四川	1.029	1.046	1.024	1.011
贵州	0.988	0.960	0.977	1.009
云南	0.996	0.992	1.006	1.002
陕西	1.022	1.032	1.019	1.003

续表

年份 地区	2010~2011	2012~2013	2014~2015	2016~2017
甘肃	0.977	0.994	1.023	1.001
青海	1.001	1.002	1.001	0.982
宁夏	0.841	0.928	0.974	0.989
新疆	0.972	0.954	1.000	0.974
全国平均	0.999	1.010	1.017	1.005

注：全国平均值为对应年份各地区的几何平均值。

资料来源：使用 MaxDEA 软件计算整理。

由表 3-7 可知，近年来内蒙古绿色全要素生产率增长率表现出整体下滑的态势，2016~2017 年为 0.995，即绿色全要素生产率出现负增长。与全国平均水平相比，自 2012 年起，内蒙古绿色全要素生产率增长开始低于全国平均水平。与西部其他地区相比，以 2017 年为例，内蒙古绿色全要素生产率增长率低于西部地区（西藏除外）平均水平（0.06%），在西部 11 个地区中排名第 8 位，仅高于宁夏、青海、新疆。以上数据表明，近年来内蒙古绿色全要素生产率增长形势不容乐观。

从绿色全要素生产率指数的分解情况来看（见表 3-8），2017 年内蒙古技术进步指数为 1.002，即技术进步率为 0.2%。虽然内蒙古技术进步率为正，但低于西部地区平均水平（0.5%），在西部地区中排名第 7 位，表明目前内蒙古整体创新能力不强，技术进步水平偏低。技术效率方面，技术效率反映了在一定的技术条件下某地区劳动、资本、土地等生产要素创造经济产出的能力。2017 年内蒙古技术效率变化指数为 0.993，表明技术效率存在一定程度的恶化，技术效率的恶化冲抵了技术进步对内蒙古绿色全要素生产率提升的正向促进作用，因此技术效率低下是导致内蒙古绿色全要素生产率下降的主要原因。那么技术效率为何低下？可能原因主要包括：①在特定制度安排和变革下，内蒙古劳动力结构、数量和质量的变化，降低了劳动力创造经济产出和社会价值的能力；②特定制度环境下，内蒙古资本创造经济产出的能力也在下降；③受到能源管理、定价及其在行业间的配置等因素影响，能源利用效率尚未有效提升。综上所述，从绿色全要素生产率指数的分解情况来看，技术进步是内蒙古绿色全要素生产率的主要动力来源，但与其他地区相比，技术进步指数值仍然偏低，同时技术效率恶化阻碍了内蒙古绿色全要素生产率增长。因此，未来内蒙古应继续加大研发投入力度，强化基础性科研创新和应用性技术创新从而不断实现技术进步，同时还应进一步重点关注技术效率的提升，通过充分挖掘和发挥先进技术潜力、优化资源配置效率等途径提高技术效率，从而推动内蒙古绿色全要素生产率提升。

表 3-8　各地区绿色全要素生产率指数及其分解

地区	GTFP	GTC	GEC	地区	GTFP	GTC	GEC
北京	1.030	1.021	1.009	河南	1.013	1.010	1.003
天津	1.007	1.006	1.001	湖北	1.019	1.014	1.005
河北	1.003	1.005	0.998	湖南	1.011	1.009	1.002
山西	0.994	1.003	0.991	广东	1.027	1.020	1.007
内蒙古	0.995	1.002	0.993	广西	1.009	1.004	1.005
辽宁	0.979	1.009	0.970	海南	1.002	1.003	0.999
吉林	0.996	1.001	0.995	重庆	1.033	1.023	1.010
黑龙江	0.984	1.002	0.982	四川	1.011	1.012	0.999
上海	1.006	1.008	0.998	贵州	1.009	1.006	1.003
江苏	1.012	1.010	1.002	云南	1.002	1.004	0.998
浙江	1.020	1.015	1.005	陕西	1.003	1.002	1.001
安徽	1.019	1.012	1.007	甘肃	1.001	1.003	0.998
福建	1.022	1.018	1.004	青海	0.982	1.001	0.981
江西	1.014	1.006	1.008	宁夏	0.989	1.002	0.987
山东	1.005	1.012	0.993	新疆	0.974	1.001	0.973

注：GTFP 为绿色全要素生产率，GTC 为技术进步指数，GEC 为技术效率变化指数。

资料来源：使用 MaxDEA 软件计算整理。

2. 内蒙古新旧动能转换进程评估

（1）评估方法。衡量新旧动能转换程度的核心在于揭示出推动经济发展的主导动力机制。在推动地区经济发展的动力机制中，主要通过增加劳动、资本等传统生产要素投入来推动经济增长的动能为旧动能。与之相对，主要依靠以技术进步和技术效率提升为核心的绿色全要素生产率增长来驱动经济增长的动能为新动能。换句话说，若地区经济增长主要依赖劳动、资本等生产要素大规模高强度投入来带动，即劳动和资本投入对地区生产总值增长的贡献份额大于绿色全要素生产率增长的贡献份额，那么该地区经济发展的主导动能为旧动能。与之相对，若地区经济增长主要依靠绿色全要素生产率提升驱动，即绿色全要素生产率增长对地区生产总值增长的贡献份额大于劳动和资本投入的贡献份额，那么该地区经济发展的主导动能为新动能。因此，新旧动能接续转换的核心应当在于不断提升绿色全要素生产率对地区经济增长的贡献份额。在此情形下，基于绿色全要素生产率提升的视角，本书将绿色全要素生产率增长对地区生产总值增长的贡献份额作为刻画地区新旧动能转换程度的衡量指标。

设 t 时期第 n 个地区的生产函数为：

$$Y_{nt} = A_{nt} K_{nt}^{\alpha} L_{nt}^{\beta} \qquad (t = 1, 2, \cdots, T; \ n = 1, 2, \cdots, N) \qquad (3\text{-}4)$$

式中，Y_{nt}、A_{nt}、K_{nt}^{α}、L_{nt}^{β} 分别表示地区生产总值、绿色全要素生产率、资本投入和劳动投入。对式（3-4）两边取对数并对时期 t 进行求微分可得：

$$g_{Y_{nt}} = g_{A_{nt}} + \alpha g_{K_{nt}} + \beta g_{L_{nt}} \qquad (3\text{-}5)$$

式中，地区生产总值增长率（$g_{Y_{nt}} = \dfrac{\Delta Y_{nt}}{Y_{nt}}$）由绿色全要素生产率增长率（$g_{A_{nt}} = \dfrac{\Delta A_{nt}}{A_{nt}}$）、资本投入增长率（$g_{K_{nt}} = \dfrac{\Delta K_{nt}}{K_{nt}}$）和劳动投入增长率（$g_{L_{nt}} = \dfrac{\Delta L_{nt}}{L_{nt}}$）共同决定。

对式（3-5）两边同时除以 $g_{Y_{nt}}$ 可得：

$$\frac{g_{A_{nt}}}{g_{Y_{nt}}} + \frac{\alpha g_{K_{nt}}}{g_{Y_{nt}}} + \frac{\beta g_{L_{nt}}}{g_{Y_{nt}}} = 1 \qquad (3-6)$$

根据式（3-6），t 时期第 n 个地区绿色全要素生产率增长对地区生产总值增长的贡献份额与劳动、资本要素投入对地区生产总值增长的贡献份额总和为 1。为了定量考察地区新旧动能转换程度，需要对比绿色全要素生产率增长对地区经济增长的贡献份额与劳动、资本投入对地区经济增长的贡献份额的相对大小。t 时期第 n 个地区绿色全要素生产率增长率对地区生产总值增长率的贡献份额 $TFPTY$ 如下所示：

$$TFPTY = \frac{(A_{nt} - A_{nt-1})/A_{nt-1}}{(Y_{nt} - Y_{nt-1})/Y_{nt}} = (1 + \frac{\alpha g_{K_{nt}}}{g_{A_{nt}}} + \frac{\beta g_{L_{nt}}}{g_{A_{nt}}})^{-1} \qquad (3-7)$$

根据式（3-7）可知：

当 $g_{A_{nt}} > \alpha g_{K_{nt}} + \beta g_{L_{nt}} > 0$ 时，$0 < \frac{\alpha g_{K_{nt}}}{g_{A_{nt}}} + \frac{\beta g_{L_{nt}}}{g_{A_{nt}}} < 1$，此时 $0.5 < TFPTY < 1$。在这种情形下，地区绿色全要素生产率增长对地区生产总值增长的贡献份额大于劳动和资本投入增加对地区生产总值增长的贡献份额，表明地区经济增长主要由绿色全要素生产率提升驱动，即该地区发展的主导动能主要来源于技术进步和技术效率提升，属于新动能，经济发展质量得到了提高。

当 $\alpha g_{K_{nt}} + \beta g_{L_{nt}} > g_{A_{nt}}$ 时，$\frac{\alpha g_{K_{nt}}}{g_{A_{nt}}} + \frac{\beta g_{L_{nt}}}{g_{A_{nt}}} > 1$，此时 $TFPTY < 0.5$。在这种情形下，地区经济发展中劳动和资本投入增长对地区生产总值增长的贡献份额大于绿色全要素生产率增长对地区生产总值增长的贡献份额，表明地区经济增长主要依赖劳动、资本等生产要素投入增加，并未充分利用技术进步和技术效率提升驱动经济发展，经济发展的主导动能为旧动能。

（2）评估结果。根据式（3-7）测算得到各地区绿色全要素生产率增长对地区生产总值增长的贡献率，结果如表 3-9 所示。

表3-9　2017年各地绿色全要素生产率增长的贡献份额

单位:%

地区	GTFP 贡献份额	地区	GTFP 贡献份额
北京	66.491	河南	52.200
天津	52.353	湖北	53.039
河北	36.472	湖南	47.976
山西	14.245	广东	66.604
内蒙古	10.554	广西	41.864
辽宁	7.696	海南	7.775
吉林	25.961	重庆	57.225
黑龙江	26.221	四川	40.921
上海	61.767	贵州	17.744
江苏	55.065	云南	22.437
浙江	61.711	陕西	14.586
安徽	48.321	甘肃	11.372
福建	56.209	青海	-37.042
江西	38.350	宁夏	-40.636
山东	42.609	新疆	-23.093

资料来源：笔者计算整理。

　　根据表3-9的测算结果可以看出，2017年各地绿色全要素生产率增长对经济增长的贡献份额存在较为明显的地区差异，即各地区基于绿色全要素生产率视角的新旧动能转换进程具有明显的空间异质性。东部发达地区如北京、上海、江苏、浙江、广东等地绿色全要素生产率增长对地区生产总值增长的贡献份额均大于50%，即绿色全要素生产率增长对地区经济增长的驱动作用大于劳动、资本等传统要素投入增加对经济增长的推动作用。表明当前这些发达地区经济增长的主要动能来源于以绿色全要素生产率增长为主导的新动能，新旧动能转换程度较高。而西部地区除了重庆外，其余地区绿色全要素生产率增长对地区生产总值增长的贡献份额普遍偏低。就内蒙古而言，2017 年其绿色全要素生产率对地区生产总值的贡献份额仅 10.554%，在西部地区中排名靠后，仅高于青海、宁夏、新疆。表明当前内蒙古经济增长的动能还是以依赖劳动、资本等传统生产要素投入所形成的旧动能为主，绿色全要素生产率增长尚未成为推动经济增长的主导动能，新旧动能转换程度较低。

第四节　基础设施多有欠账，民生弱项亟待改善

基础设施方面。2015 年以来，内蒙古加快铁路和轨道交通建设，到2017 年全区铁路开通新线里程 4249.8 千米，全区铁路运营里程达到 1.4 万千米，居全国第一位，比 2015 年增加 0.5 万千米左右；对俄蒙 11 个陆路口岸中已有 5 个通达铁路，较 2015 年增加 3 条。继续完善公路网络，2017 年全区公路通车总里程 19.9 万千米，比 2015 年新增 2.4 万千米，全国排第 9 位，全区 12 个盟市所在地均通了高速公路，103 个旗县（市区）有 99 条高速公路和一级公路，所有苏木乡镇和具备条件的嘎查村通了沥青水泥路。同时，国际道路运输深度融入"一带一路"，国际道路运输合作扩展到俄罗斯外贝加尔边疆区和蒙古国 5 个省、直辖市。提升航空运输能力，2017 年全区有民用机场 28 个，其中运输机场 20 个，居全国第 1 位，在 12 个盟市实现了机场全覆盖，共开通航线 429 条、通航点 116 个。加强能源基础设施建设，加强区内 500 千伏主网架建设，各旗县实现了 220 千伏变电站全覆盖，地区电网供电能力不断提高，2017 年内蒙古外送电力达到 4400 万千瓦。加强油气管道建设，截至 2017 年底，全区已建成油气长输管道 31 条，区内管道里程 5943 千米，较 2015 年增加 614 千米。加强信息化基础设施建设，截至 2017 年，全区固定宽带覆盖家庭 1676.59 万户，光缆总长度 58 万千米，光纤接入覆盖家庭 1128.99 万户，移动互联网用户

2045.16万户，互联网用户总普及率达到95%。全区云计算数据中心承载能力达到110余万台，实际运行突破50万台，总量居全国首位。

但是内蒙古铁路等级低、复线率低、电气化率低，快速客运通道建设滞后，是全国三个不通高速铁路的省区之一，路网通达度有待提高，部分重要口岸等没有铁路通达，点线能力不协调影响铁路网整体效能发挥，既有铁路货运设施布局难以满足快捷货运需求快速增长的需要，相关矿区开发和物流园区建设尚缺乏必要的集疏运支线。全区公路网密度仅为全国平均水平的1/3左右，还有47个旗县未通高速公路，高等级公路占公路总里程的比重不到20%。全区运输机场密度低于国家平均水平。电网还难以满足发展现代能源经济的需要，能源外输通道不畅，2016~2017年火电富余装机累计约2400万千瓦，"窝电"现象严重。资源型缺水和工程性缺水并存，2017年全区农田有效灌溉面积仅占耕地面积的33.8%，低于全国平均水平约19个百分点。城市配套基础设施建设有待加强，例如，2738个嘎查村未通沥青水泥路；2016年内蒙古与人均国内生产总值（GDP）相近的福建省相比，全区城市燃气普及率比福建省低2.3个百分点，城市公园总数仅为福建省的45.4%。农村牧区基础设施建设仍有"短板"，例如，2016年全区行政村通宽带率80.7%，低于全国平均水平14.3个百分点。全区80%以上的工业园区没有生活配套设施，44%的盟市级以下园区仅实现简单的"四通一平"。此外，部分盟市反映，受到土地审批、招标程序没有按照国家最新要求更新等影响，基础设施建设推进缓慢，个别盟市全年没有较大的基础设施建设项目。

民生方面。从内蒙古城镇居民和农牧民收入与全国对比来看，呈现出阶段性的倒U形特点，差距在进一步拉大，实现达到全国平均水平的目标又一次落空是大概率事件。农村牧区居民收入方面：2008~2010年全区农村牧区人均纯收入与全国差距不断扩大，2010年差距最大达到389元；此后差距不断缩小，到2012年差距缩小到306元，形成倒U形趋势（见表3-10）。按照居民收入增长与地区生产总值增速同步要求，在内蒙古地区总值增速高于全国平均水平的情况下，农村牧区居民人均纯收入应与全国差距持续缩小。但 2013 年开始差距又呈现出扩大的趋势（见图 3-6），2017 年差距达到 848.14 元，比 2010 年差距增加 459.14 元。与农村牧区居民收入情况类似，2008~2012 年内蒙古城镇居民人均可支配收入与全国差距不断扩大，2012 年差距最大达到 1415 元；2013 年差距骤降为 463.38 元，形成倒 U 形趋势。但 2013 年之后差距又呈现出扩大的趋势，2017 年差距扩大到 726.17 元，比 2013 年差距增加 262.79 元。

表 3-10　内蒙古城镇居民、农村牧区居民可支配收入与全国差距

单位：元

年份　类别	2008	2009	2010	2011	2012	2013	2014	2015	2016	2017
内蒙古城镇居民收入与全国城镇居民收入差距	1348	1326	1411	1402	1415	463.38	494.21	600.73	641.3	726.17
内蒙古农村牧区居民收入与全国农民收入差距	105	215	389	335	306	444.67	512.58	645.82	754.41	848.14

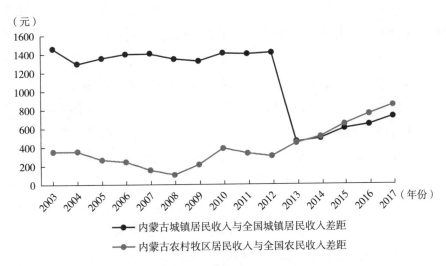

图 3-6　内蒙古城乡居民收入与全国差距变化

基本公共服务与实力相近的省区相比，差距也不同程度地存在。以医疗卫生为例，2017 年重庆和内蒙古人均 GDP 基本持平，重庆的城镇人口相比内蒙古多 402 万人，城镇居民每千人拥有病床 7.64 张，内蒙古为 7.59 张。

第五节　三大攻坚战任务艰巨，统筹协调面临考验

一、"脱贫攻坚"

截至 2018 年底，内蒙古还有 20 多个贫困旗县，676 个贫困村，6.7 万户 14.9 万人口未脱贫。内蒙古贫困地区，多是牧区、山区、沙区、林区、边境地区、少数民族地区，生态环境脆弱、自然灾害频发；贫困户经济基础薄弱，产业不稳定，持续增收能力不足，脱贫稳定性差，返贫风险高。如期打赢脱贫攻坚战，同全国一道全面建成小康社会问题应该不大，但存在几个问题：一是扶贫内生动力不足。农村的主群体受教育程度普遍较低，加之农畜产品价格波动、务工收入有限、家庭支出大，很容易产生贫困代际传递；随着政府对"三农"投入的加大和"包办式扶贫"的推进，贫困户依赖性空前增强，出现"五级书记都在忙、各级干部都在动、贫困户则坐等靠"现象。二是扶贫方式不适应当前发展。重物质帮扶轻精神帮扶；产业扶贫这个治本之策抓得不牢，项目选不准，资金等项目，缺乏能人带着干；很多产业扶贫项目贫困户只参与分红、不参与劳动。三是体制机制障碍束缚。比如，将扶贫资金放到旗县统筹整合，基层普遍反映整不动、效率不高；利益联结机制发挥作用有限；容错纠错机制不健全，对一线干部问责多激励少；大数据等现代技术运用少，纸质表格档案耗费大量精力。四是缺乏扶贫开发长效机制。随着国际贫困线的调整和人民生活水

平的提高，贫困的标准也在变化，对照未来分两步走战略，内蒙古所达到的小康仍然是低水平的。如果没有一套行之有效的机制激发内生动力、巩固脱贫成效，没有可持续的产业支撑，很容易陷入扶贫开发恶性循环的怪圈。

二、"化解债务风险"

一是政府债务风险方面，全区政府债务率在全国排第三位，政府债务风险总体处于高位，部分城投债务在或将在 2018~2023 年达到高峰期，成为自治区新的债务风险点。同时，受一般公共预算收入增势放缓、"营改增"减税以及民生、生态等刚性支出增加的影响，加之传统银政合作模式又难以为继，金融政策趋紧使得地方渠道收窄，进一步加大了地方政府偿债压力。尽管，自治区党委、政府经过一系列的调研总结，制定了内蒙古的还债方案，让化债工作有了具体路径。但是从实际情况来看，部分地区将重心转移到化债上，由于没有从源头上、体制上分清产生政府债务的原因，化债存在"一刀切"的现象，从 2018 年上半年的情况看，大力度的化债使基础设施投资出现了严重的下滑。若长期如此，必将影响经济发展的稳定性，进而阻碍经济高质量发展。二是金融风险方面，金融发展不充分与金融风险较高的现象并存。2017 年全区银行业不良贷款余额较年初增加 87.4 亿元，不良贷款率高达 3.81%，高于全国 2.07 个百分点，其中 2016 年不良贷款率在全国居第 3 位。2018 年上半年，全区金融机构人民币存贷款余额比为 95.8%，高出全国平均水平 21.2 个百分点。全区金融系统还是存在一定的流动性风险隐患。同时，由于全区金融市场建设力度较弱，金融体系不完善，使直接融资规模不断缩小。2016 年全区非金融企业直接融资为-207.3 亿元，同比减少 785.8 亿元；2017 年直接融资净减少 26.7 亿元，同比减少 180.6 亿元。随着金融风险防范的进一步强化，金融政策趋紧使地方融资渠道收窄成为大概率事件，2018 年上半年国家开发银行、建行新增贷款同比少增 231 亿元和 195 亿元。在此背景下，防范金融风险可能会进一步提升融资成本，从而影响新经济领域初创企业和传统技改企业的正常资金需求，增加新经济融资困难，抑制新经济成长。三是居民债务风险方面，全区居民杠杆率达到49%，高于全国平均水平1个百分点。从全区住户存贷款增长的变化看，住户存款增长率从2017年开始明显呈下行趋势，而住户贷款增长率从2015年第四季度的6.94%快速上升到2018年第二季度的13.24%（见图3-7），这从某种程度上反映了全区居民杠杆率的快速上涨。由于住户贷款主要集中在房地产领域，房贷利率的上行、房价的上涨会进一步导致居民杠杆成本的上升、偿债压力的增大。同时，根据上海财经大学的相关研究，2017年居民杠杆率每提高1%，城镇家庭人均实际消费支出就会下降0.11个百分点，这表明居民债务已经开始对消费产生挤出效应。在当前全区城乡居民收入尚未达到全国平均水平的情况下，居民杠杆率过快地上涨会进一步削弱消费的基础作用，进而影响消费升级，影响产业结构升级。

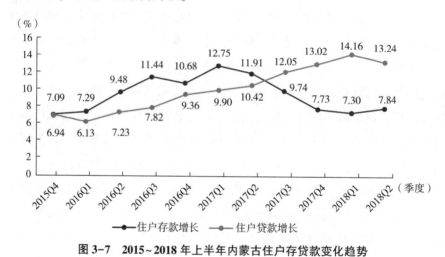

图3-7　2015~2018年上半年内蒙古住户存贷款变化趋势

三、"污染防治"

受自治区发展方式、管理方式、资金实力等影响，污染防治攻坚战处于负重爬坡、任重道远阶段。第一，从发展方式来看，内蒙古作为欠发达地区，短期内经济发展仍要依靠能源、煤炭等资源型产业发展。内蒙古环境污染防治不仅面临着增量的消化，同时还承担着存量继续削减的艰巨任务，如何找到产业发展和节能降耗减排之间的契合点，是内蒙古下一步发展必须突破的难点，尤其是国家在内蒙古部署了众多新型煤化工、能源生产项目，在污染物排放技术层面上已达到或优于国家标准，但这些项目的开工运行必将影响国家下达资源环境约束性目标的实现。第二，从管理方式看，污染防治偏重于行政管理，有些地方存在环保"一刀切"现象，缺乏服务意识，不能分类施策促进企业减少污染排放，为应付督察、检查，简单粗暴的关停企业，对经济发展、环境治理舆论造成不良影响，尤其是创新型、微型企业，企业本身正处于艰难创业阶段，一旦关停直接造成创业者破产，员工失业，而小微企业是解决就业的主渠道，大面积关停将造成严重就业问题。另外，市场化治污薄弱，影响污染物攻坚战力度，自治区虽开展了排污权交易等市场化模式促进污染物减排，但目前排污权交易主要为一级市场交易，二级交易基本不存在，合同治污基本没有开展，严重影响了社会污染治理企业参与点源、面源的污染防治。第三，从投入资金看，按照国际通用标准测算（投入资金占 GDP 的比重在 1.5% 以下为可控制污染，2%~3% 为可改善环境），内蒙古每年需投入资金 300 亿元用于控制污染，每年需投入 400 亿~600 亿元改善环境，另外污染防治从来不是一朝一夕、一蹴而就的，它有一个过程和自身的规律。1952 年伦敦的"烟雾事件"以后，英国污染治理花了将近 30 年的时间，环境质量才得到根本好转。参照国际环境治理案例，三年攻坚战时期内蒙古需投资 2000 亿元用于环境治理，环境质量根本转变大约需 10000 亿元。受经济下滑、企业竞争力下降、去杠杆、贸易战等现实因素的影响，打好污染防治战必然会进一步增加政府财政压力、抬升企业成本和挤压未来发展空间，如何平衡发展与污染防治将成为政府、企业一段时间新考验。第四，从指标约束上看，内蒙古能源、原材料行业占工业比重 3/4，工业初级产品占比大。新兴产业占比小、发展不足，七大战略性新兴产业仅占 GDP 的 6.4%。产业结构重型化，虽然每户企业的环保要求都能达标，但受总量控制，企业集中集聚发展受到限制。国务院《关于支持内蒙古又好又快发展的意见》中，明确把内蒙古定位为全国重要的能源、有色、化工基地，但相应的环境总量指标匹配不足，将制约内蒙古新上重大项目。第五，从生产力布局方面看，内蒙古地广人稀，农牧业生产战线长，农村牧区面源污染较重，工业园区点多面广，"散乱污"企业仍然存在，城乡环境基础设施建设滞后，单位产值能耗、水耗和污染物排放总量处于高危，局部地区生态承载能力和环境容量达到或接近上限，多领域、多类型、多层面生态环境问题累计叠加，生态环境保护历史欠账多、治理任务重、修复成本高，将影响污染物攻坚战进程。

第六节　要素投入产出效率低，产品和服务质量差

一、内蒙古整体要素投入产出效率不高

实现经济高质量发展离不开要素投入产出率的提升，由于内蒙古产业传统粗放，质量效益低下，劳动力、资本、土地、能源等要素投入产出率普遍较低，生产产品和服务质量水平不高，全要素生产率亟待提升。

1. 全员劳动生产率方面

2017年内蒙古全员劳动生产率为10.55万元/人，低于全国平均水平，与2016年相比低1.75万元/人。自2016年起，内蒙古农村牧区劳动生产率开始低于全国平均水平，2017年仅为2.61万元/人，低于全国平均水平近17个百分点（见图3-8）。全员劳动生产率的降低，既有受产能过剩行业影响，内蒙古大宗产品价格和价值降低的原因，也有内蒙古吸纳就业较多的中小企业受到各种不利政策限制，生产经营积极性受到影响，人均产出率减少的原因，还有内蒙古属于专业人才和青壮年劳动力流出省区，使

区内劳动力技术水平和熟练程度下降，致使全员劳动生产率在下降的原因。总之，作为直接评价经济效益和劳动者素质的重要指标，内蒙古推进高质量发展，就必须加快产业转型，不断优化发展环境，推动产业发展、产品增值、全员劳动生产率提升，进而吸纳更多高素质劳动者留在内蒙古就业创业。

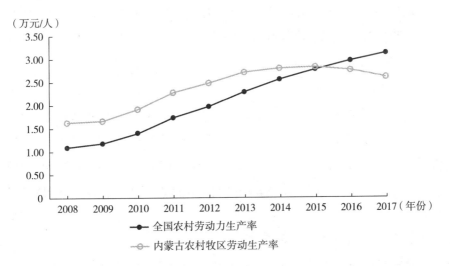

图 3-8　内蒙古农村牧区劳动生产率与全国劳动生产率对比

2. 投资效果方面

2017 年我国东部、中部、西部地区固定资产投资效果系数分别为 0.114、0.08 和 0.074，而内蒙古固定资产投资效果系数仅为 0.04（完成 1 元固定资产投资，增加 0.04 元的经济增量），已降至 2000 年以来的最低水平，接近西部平均水平的一半，仅为全国平均水平的 1/3，居全国末位。内蒙古投资效果系数较低，导致投资产出率和利润率较低，必将对企业或民间资本投资产生较大影响。内蒙古需要更加注重优选投资方式，增加有效投资，进而提高投资效果，提振各类投资的信心。

3. 土地产出率方面

工业园区是产业转型、高质量发展的主战场，尽管内蒙古地域广阔，与珠三角、长三角等人口高度集中、产业高度集聚的发达地区相比，工业用地相对宽裕，但目前也存在工商业用地越来越紧张的问题。按照国家核定标准，2017年内蒙古64个工业园区亩均工业增加值为82.5万元，亩均税收为5.3万元，分别仅为全国平均水平的2/3和1/8，与发达省区相比，差距则更大。内蒙古农牧业面积大、复种指数低、经营粗放等，农牧业土地产出率约是全国平均水平1/5。应高度重视将"亩均论英雄"作为评价土地产出率和高质量、高效益的重要导向。

4. 能源利用效率方面

万元GDP能耗既是一个衡量各地区坚持"五位一体"总体布局，推动生态文明建设成效的重要指标，也是经济高质量发展的重要指标。2017年内蒙古万元GDP能耗为1.24吨标准煤，全国为0.57吨标准煤，内蒙古万元GDP能耗是全国平均水平的2倍以上，尤其是内蒙古能耗减少速度处于全国靠后位置，在产业政策和环境政策从严的背景下，能源利用率提升任重道远。

5. 产品和服务质量方面

从产品质量看，一方面，由于生产经营粗放，内蒙古生产的农畜产品普遍以传统产品为主，优质绿色优价的产品较少，精深加工不够，优质多样的产品品种不多，知名品牌缺乏，时尚消费和多元需求难以满足。另一方面，内蒙古工业产品以重工业、初产品为主，生产标准低，品牌数量少，多数产品处于价值链低端。2017年制造业质量竞争力指数为79.95，低于83.5的全国平均水平，排全国第26位，属于弱竞争力省区。即使内蒙古消费的电器、家具、汽车、衣被等生活用品和机械、建材、电机等生产用品主要依靠外省调运，内蒙古生产较少，品牌工业品更是寥寥无几。从服务业发展质量看，2017年内蒙古服务业万人投诉量达到4.15，远高于2.4的全国平均水平，从侧面反映出内蒙古服务质量和诚信水平较差，相关服务行业品牌和标准建设滞后，龙头企业较少。2017年仅有内蒙古电力集团、内蒙古高路公司2家企业入选中国服务业企业500强。

二、内蒙古工业园区投入产出效率测算与评价

工业园区发展综合效率反映了在一定的技术条件下，工业园区劳动、资本、土地等生产要素创造经济产出的能力。本书采用基于规模报酬可变的 VRS-DEA 模型对内蒙古各工业园区发展效率进行测算和评价。

1. 研究方法

数据包络分析法（DEA）由于非主观赋权、无须提前确定投入产出函数关系及可分析决策单元影响因素等特点，具有在多投入—产出评价中强客观性与有效性的优势，已成为衡量地区或产业发展效率的主流方法。DEA 是具有多个投入（Inputs）和多个产出（Outputs）的决策单元（Decision Making Unit，DMU）的评价模型，是要素投入产出之间相对效率评价的分析方法（Charnes et al.，1978）。基于规模报酬可变的 VRS-DEA 模型分析方法具体如下：

以每一个工业园区为一个决策单元，假设有 n 个决策单元 DMU $\{DMU_j: j=1, 2, \cdots, n\}$，利用 m 种投入变量 $x_{ij}(i=1, 2, \cdots, m)$，并由此得到了 p 种产出 $y_{rj}(r=1, 2, \cdots, p)$，那么第 j 个工业园区在凸性、无效性和最小性公理假设下有基于规模报酬变化的模型（VRS 模型），可表示为：

$$\min\left[\theta - \varepsilon\left(e^T S_i^- + e^T S_r^+\right)\right] \tag{3-8}$$

$$\text{s. t.}\begin{cases} \sum_{j=1}^{n} \lambda_j x_{ij} + S^- = \theta x_m^n \\ \sum_{j=1}^{n} \lambda_j y_j - S^+ = y_r^n \\ \sum_{j=1}^{n} \lambda_j = 1 \\ \lambda_j,\ S^-,\ S^+ \geqslant 0 \\ j = 1, 2, \cdots, n \end{cases} \tag{3-9}$$

式中，$\theta(0 < \theta \leqslant 1)$ 为决策变量，即工业园区的综合效率指数；S_i^-，S_r^+ 分别为投入和产出的松弛变量；λ_j 为 DMU 的系数；ε 为阿基米德无穷小。对方程组求解得到最优解 θ，λ，S_i^-，S_r^+。若 $\theta < 1$，表明 DMU 非 DEA 有效；θ 值越大，DMU 效率越高，$\theta = 1$ 代表该工业园区产出相对于投入达到综合效率的最优。而基于 $\sum_{j=1}^{n} \lambda_j = 1$ 的凸性假设，可将综合效率分解为技术效率和规模效率的乘积，得到的纯技术效率指数 θ_b 有 $0 < \theta_b \leqslant 1$，$\theta_b \geqslant \theta$。规模效率（SE）可通过 $SE = \theta / \theta_b$ 计算得到，同样有 $0 < SE \leqslant 1$，$SE \geqslant \theta$。对于 θ_b 和 SE 越大，表示工业园区的纯技术效率与规模效率越高，等于 1 时达到最优。

2. 指标选取与数据说明

工业园区发展综合效率评价主要体现发展中投入产出关系，其中投入的要素主要有土地、资金、劳动力等，测度指标主要包括建成区土地面积、固定资产投资、年末就业人口等，而产出的要素主要有工业园区总产值、工业增加值、主营业务收入、税收收入、企业利润等。根据指标的量化、独立性和可测性以及数据可获取性和可操作性原则，本书确定以下投入产出指标对内蒙古工业园区发展效率、纯技术效率和规模效率进行测算，具体如表 3-11 所示。

表 3-11　内蒙古工业园区发展效率量化评价指标体系

目标层	准则层	指标层
内蒙古工业园区发展效率	投入指标	建成区面积（平方千米）
		固定资产投资（亿元）
		企业职工数和园区管理机构人员数（人）
	产出指标	园区总产值（亿元）
		税收收入（亿元）

其中，建成区面积、固定资产投资与企业职工数作为投入指标。建成

区面积是工业园区进行经济社会活动的空间载体。固定资产投资是货币化的政府与社会投入要素。企业职工数和园区管理机构人员数表征工业园区劳动力投入情况。选取园区总产值和税收收入作为产出指标。园区总产值表示工业园区经济产出，是工业园区发展经济效益的核心衡量指标。税收收入能从侧面反映工业园区工资水平与政府可支配收入，从货币角度量化工业园区的社会效益。

根据工业园区数据的可得性和完备性，本书选取 2017 年内蒙古 59 个工业园区相关投入产出数据作为样本进行研究，样本涵盖呼和浩特市、包头市、乌兰察布市、鄂尔多斯市、巴彦淖尔市、乌海市和阿拉善盟 7 个盟市[①]。本书所用数据主要来源于内蒙古自治区经济和信息化委员会。

3. 效率测算与评价

基于上述研究方法和样本数据，利用 MaxDEA 软件，采用产出导向的 VRS-DEA 模型进行内蒙古工业园区发展效率测算，得到 2017 年 59 个工业园区综合效率，并进一步分解得到纯技术效率和规模效率以及工业园区规模报酬情况，具体测算结果如表 3-12 所示。

表 3-12　内蒙古部分工业园区综合效率及其分解

地区	园区名称	综合效率	纯技术效率	规模效率	规模报酬
呼和浩特市	呼和浩特经济技术开发区	0.743	0.760	0.978	drs
	呼和浩特出口加工区	0.060	1.000	0.060	irs
	呼和浩特金山经济技术开发区	0.609	0.645	0.944	irs
	呼和浩特金海工业园区	1.000	1.000	1.000	–
	呼和浩特鸿盛工业园区	0.160	0.167	0.961	irs
	呼和浩特裕隆工业园区	0.518	0.781	0.663	irs

① 受数据可得性限制，本书无法对内蒙古所有盟市工业园区发展效率进行测算，有待后续研究跟进完善。

续表

地区	园区名称	综合效率	纯技术效率	规模效率	规模报酬
呼和浩特市	呼和浩特金桥经济开发区	1.000	1.000	1.000	–
	内蒙古和林格尔经济开发区	0.458	0.459	0.998	irs
	内蒙古武川经济开发区	0.126	0.207	0.609	irs
	内蒙古托克托经济开发区	1.000	1.000	1.000	–
	清水河工业园区	0.395	1.000	0.395	irs
包头市	包头稀土高新技术产业开发区	0.615	1.000	0.615	drs
	包头金属深加工园区	1.000	1.000	1.000	–
	包头装备制造产业园区	0.884	0.943	0.937	drs
	内蒙古包头铝业产业园区	1.000	1.000	1.000	–
	内蒙古包头九原工业园区	0.757	0.776	0.976	irs
	内蒙古包头石拐工业园区	0.534	0.601	0.890	irs
	包头金山工业园区	0.159	0.174	0.911	irs
	包头达茂巴润工业园区	0.531	0.630	0.842	irs
	土右新型工业园区	0.752	0.769	0.977	irs
乌兰察布市	内蒙古察哈尔工业园区	0.816	0.833	0.980	irs
	丰镇市高科技氟化学工业园区	0.529	0.538	0.983	drs
	卓资经济技术开发区	0.320	0.358	0.893	irs
	察右后旗建材化工园区	0.598	0.642	0.931	drs
	兴和县兴旺角工业园区	0.291	0.309	0.940	irs
	察右前旗天皮山冶金化工工业园区	0.723	0.747	0.968	irs
	化德县长顺工业园区	0.805	0.904	0.891	irs
	商都县长盛工业园区	0.231	0.240	0.963	irs
	察右中旗工业园区	0.602	0.874	0.688	irs
	四子王旗黑沙图工业园区	0.270	0.375	0.721	irs

续表

地区	园区名称	综合效率	纯技术效率	规模效率	规模报酬
鄂尔多斯市	市高新技术产业开发区	0.091	0.097	0.936	irs
	鄂尔多斯空港物流园区	0.002	0.002	0.931	—
	鄂尔多斯装备制造基地	0.465	0.467	0.995	irs
	东胜经济科教（轻纺工业）园区	0.167	0.170	0.982	irs
	铜川汽车博览园	0.003	0.003	0.989	—
	达拉特经济开发区	0.345	0.417	0.828	drs
	准格尔经济开发区	0.873	0.930	0.939	irs
	大路煤化工基地	1.000	1.000	1.000	—
	鄂尔多斯江苏工业园区	0.267	0.293	0.910	irs
	圣圆煤化工基地	0.544	0.558	0.976	irs
	苏里格经济开发区	1.000	1.000	1.000	—
	纳林河工业园区	0.362	0.412	0.878	irs
	独贵塔拉工业园区	0.505	0.540	0.936	irs
	新能源产业示范区	0.670	1.000	0.670	irs
	鄂托克经济开发区	0.525	1.000	0.525	drs
	蒙西高新技术工业园区	0.419	0.645	0.650	drs
	上海庙经济开发区	0.378	0.381	0.992	drs
巴彦淖尔市	内蒙古磴口工业园区	0.293	0.297	0.986	irs
	内蒙古杭后工业园区	0.138	0.142	0.974	irs
	巴彦淖尔经济技术开发区	0.647	0.667	0.970	drs
	五原工业园区	0.566	0.642	0.882	irs
	巴彦淖尔市甘其毛都口岸加工园区	0.688	0.750	0.918	irs
乌海市	乌海低碳园区	0.049	1.000	0.049	irs
	海南工业园区	0.362	0.396	0.912	drs
	乌达工业园区	0.513	0.551	0.931	drs
	海勃湾工业园区	0.415	0.416	0.996	irs

续表

地区	园区名称	综合 效率	纯技术 效率	规模 效率	规模 报酬
阿拉善盟	阿拉善高新技术产业开发区	0.873	0.897	0.973	irs
	腾格里经济技术开发区	0.243	0.259	0.940	irs
	策克口岸经济开发区	0.125	0.138	0.904	irs
均值		0.509	0.607	0.869	

注：表中均值为几何平均值。"irs""drs""–"分别为规模报酬递增、规模报酬递减和规模报酬不变。

资料来源：使用 MaxDEA 软件计算整理。

工业园区发展综合效率反映了在一定的技术条件下工业园区劳动、资本、土地等生产要素创造经济产出的能力。根据表 3–12 所列测算结果可知，整体来看，2017 年内蒙古 59 个工业园区平均综合效率为 0.509，表明目前内蒙古工业园区整体发展效率不高，各资源要素投入存在较大冗余，创造经济产出能力偏低，园区发展普遍未能实现高效集约发展，可持续性有待进一步提高①。从综合效率的分解情况来看，其中纯技术效率平均为0.607，规模效率平均为 0.869，表明纯技术效率值偏低是导致工业园区发展效率低下的主要原因。纯技术效率反映的是工业园区在达到最优规模时土地、资本、劳动等投入要素的生产效率，纯技术效率低下表明出工业园区经营管理水平不高，尚未充分挖掘已有资源要素和生产技术的生产潜力，从而未能最大限度地获取潜在的经济效益。规模效率反映的是工业园区实际规模与最优生产规模的差距，规模效率低下表明工业园区规模偏离最优生产规模，要么过大、要么过小，尚未实现规模最优化。因此，未来内蒙古多数工业园区需进一步通过改进经营管理模式，充分挖掘利用已有资源要素和先进技术的生产潜力来提升纯技术效率，同时进一步调整优

① 根据《2017 中国产业园区持续发展蓝皮书》发布的 2017 年中国国家级产业园区持续发展竞争力综合排名百强榜名单，内蒙古尚未有一家工业园区入榜。

化生产规模以提高规模效率，以此促进工业园区发展综合效率提升，实现在既定要素投入情况下经济产出进一步增长，或产出既定下进一步节约土地、劳动、资本等要素投入，从而达到工业园区高效集约发展的目的。

从具体工业园区情况来看，内蒙古各工业园区发展效率存在较大的差异。考察的 59 个工业园区中，仅有呼和浩特金海工业园区、呼和浩特金桥经济开发区、内蒙古托克托经济开发区、包头金属深加工园区、内蒙古包头铝业产业园区、大路煤化工基地、苏里格经济开发区 7 个工业园区的综合效率、纯技术效率和规模效率均为 1，从而达到了 DEA 有效，园区发展高效集约化程度较高，而其余近 90% 的工业园区发展效率均存在不同程度的低下，其中有 28 个工业园区发展综合效率低于平均水平（0.509）。对于综合效率低下的工业园区，大致可以分为三大类：第一类是园区纯技术效率最优，但规模效率低下，即这类工业园区规模与最优规模存在一定程度的偏离，需进一步调整优化。如呼和浩特出口加工区、清水河工业园区、乌海低碳园区处于规模报酬递增阶段，下一步应适度扩大生产规模以实现规模效应。而包头稀土高新技术产业开发区和鄂托克经济开发区处于规模报酬递减阶段，即园区规模过大，由于快速扩张而产生低效率，下一步应适度压缩生产规模以提高规模效率。第二类是园区规模处于规模报酬不变阶段，规模效率较高但纯技术效率低下，如铜川汽车博览园和鄂尔多斯空港物流园区，下一步应重点在改善经营管理水平、挖掘已有资源要素和先进技术生产潜力提升纯技术效率方面下功夫。第三类是纯技术效率和规模效率均低下，这类工业园区在综合效率低下的工业园区中居多数，转型升级最为迫切，未来需进一步引进先进管理模式和技术，同时调整优化生产规模。特别是对于处于规模报酬递增的中小型工业园区而言，尤其需要进一步整合资源适度做大规模，注重产业集聚集群发展，发挥规模集聚效应。

三、内蒙古要素投入产出率低的主要制约因素

1. 创新能力偏低

（1）综合创新能力方面。区域创新能力（regional innovation capability）是指一个地区将新知识转化为新产品、新工艺、新服务的能力，其核心是促进创新机构间的互动和联系，表现为对区域社会经济系统的贡献能力。《中国区域创新能力评价报告 2017》数据显示，2017 年内蒙古区域创新能力综合效用值为仅为 18.32，低于全国平均水平，全国排名第 28 位（见表 3-13）。根据《中国区域创新能力评价报告 2018》，2018 年内蒙古区域创新能力综合效用值为 19.11，比 2017 年有所提高，但排名比 2017 年下滑 2 个位次，全国排名第 30 位，仅高于西藏地区，低于全国平均水平（27.91）和西部地区平均水平（22.11）。表明内蒙古整体综合创新能力水平偏低，创新对地区社会经济系统的贡献能力不强。

表 3-13　中国区域创新能力综合效用值

地区	2017 年		地区	2018 年	
	排名	得分		排名	得分
广东	1	55.24	广东	1	59.55
江苏	2	53.30	北京	2	54.30
北京	3	52.56	江苏	3	51.73
上海	4	44.81	上海	4	46.00
浙江	5	37.66	浙江	5	38.88
山东	6	33.77	山东	6	33.64
天津	7	33.71	天津	7	32.14
重庆	8	30.05	重庆	8	30.30
湖北	9	29.35	湖北	9	29.45

地区	2017 年		地区	2018 年	
	排名	得分		排名	得分
安徽	10	28.36	安徽	10	28.72
四川	11	27.52	四川	11	27.04
湖南	12	26.63	湖南	12	26.59
陕西	13	26.05	陕西	13	26.49
福建	14	25.77	福建	14	26.30
河南	15	24.23	河南	15	24.91
海南	16	22.49	海南	16	22.79
辽宁	17	22.26	辽宁	17	22.44
贵州	18	22.19	贵州	18	22.27
江西	19	22.04	河北	19	21.97
广西	20	21.19	广西	20	21.87
甘肃	21	20.82	江西	21	21.61
宁夏	22	20.68	云南	22	21.48
河北	23	20.50	青海	23	20.97
云南	24	20.43	吉林	24	20.48
新疆	25	20.04	甘肃	25	20.05
黑龙江	26	19.51	新疆	26	19.93
吉林	27	19.00	宁夏	27	19.45
内蒙古	28	18.32	黑龙江	28	19.19
青海	29	18.13	山西	29	19.14
山西	30	17.93	内蒙古	30	19.11
西藏	31	17.70	西藏	31	16.40
全国	—	26.16	全国	—	27.91

资料来源:《中国区域创新能力评价报告 2017》《中国区域创新能力评价报告 2018》。

（2）科技创新能力方面。根据《中国区域科技创新评价报告 2018》。

2017 年和 2018 年内蒙古综合科技创新水平指数得分分别为 46.08 和 46.76（见表 3-14），均低于全国平均水平，表明当前内蒙古科技创新能力依然较为薄弱。从科技创新的主体来看，一是高等院校、科研院所等研究机构研究支撑不足，缺乏原始创新。研究经费投入方面，2017 年高等院校 R&D 经费内部支出为 44745 万元，占全区 R&D 经费内部支出的比重只有 3.38%。研究经费结构方面，内蒙古高校、科研院所等研究机构中 85% 的 R&D 经费来自政府资金，比全国平均水平高出约 9 个百分点，企业资金只占 7.7%，低于全国 4.3 个百分点。产学研结合方面，目前内蒙古高校科研项目研究方向与市场需求不能有效对接，存在"重研发，轻转化""重基础，轻应用"等问题，创新链与产业链处于脱节状态。二是企业技术创新的主体地位尚未真正确立，创新水平不高。企业是技术创新和产业转型升级的主体，但是目前内蒙古企业重生产经营、轻科技创新的现象较为普遍，创新资源集聚程度低，技术创新能力薄弱。2017 年全区有 R&D 活动的规模以上工业企业只有 345 家，仅占全部规模以上工业企业的 12.3%。全区大部分企业并未设立研发机构，一些企业虽然建立了研发机构，但仅限于挂牌子、搭架子，科技创新能力不强。此外，内蒙古企业大多以引进消化吸收、技术集成等改进式创新为主，原创性、颠覆性创新极少。

表 3-14　中国区域综合科技创新水平指数

地区	2017 年		地区	2018 年	
	排名	得分		排名	得分
北京	1	85.36	上海	1	85.63
上海	2	84.04	北京	2	84.83
天津	3	80.55	天津	3	80.75
广东	4	77.39	广东	4	79.47
江苏	5	76.84	江苏	5	77.13
浙江	6	71.38	浙江	6	74.26
湖北	7	65.75	湖北	7	67.44

续表

地区	2017 年		地区	2018 年	
	排名	得分		排名	得分
重庆	8	65.67	重庆	8	66.63
陕西	9	65.66	陕西	9	66.58
山东	10	64.83	山东	10	65.71
四川	11	61.85	安徽	11	63.46
福建	12	60.17	四川	12	62.47
辽宁	13	59.86	福建	13	61.38
黑龙江	14	58.42	辽宁	14	60.55
安徽	15	58.24	湖南	15	57.34
湖南	16	55.65	黑龙江	16	56.05
山西	17	51.80	吉林	17	54.59
甘肃	18	50.63	甘肃	18	51.38
吉林	19	50.29	江西	19	51.28
江西	20	50.05	山西	20	50.85
河南	21	48.21	河南	21	50.70
宁夏	22	46.24	河北	22	48.78
内蒙古	23	46.08	内蒙古	23	46.76
河北	24	46.06	宁夏	24	46.68
广西	25	43.76	广西	25	44.84
海南	26	43.61	青海	26	43.95
青海	27	42.25	海南	27	43.76
云南	28	41.35	云南	28	43.01
贵州	29	40.83	贵州	29	41.24
新疆	30	40.75	新疆	30	40.59
西藏	31	31.23	西藏	31	29.75
全国	—	69.63	全国	—	67.57

资料来源:《中国区域科技创新评价报告 2018》。

（3）高技术产业创新能力方面。作为国民经济的战略性先导产业和创新手段的实施载体，高技术产业是否拥有持续的创新能力，既是其在全球竞争中能否取得竞争优势的关键，也是衡量一个国家或地区经济发展水平的重要标志。高技术产业增长占经济增长份额比重只有7.01%。《中国高技术产业创新能力评价报告2018》数据显示，2017年内蒙古高技术产业创新能力指数值为27.19，全国排名第30位；2018年内蒙古高技术产业创新能力指数值下降为24.77，全国排名第31位，排名比2017年下降1位（见表3-15）。从高技术产业创新能力各细分指标得分情况来看，与2017年相比，2018年内蒙古高技术产业获利能力指数、产业贡献指数、运营能力指数、企业效率指数均出现不同程度的下降。从排名情况来看，内蒙古获利能力指数、产业贡献指数和创新效果指数排名全国垫底，表明这三个指标是导致内蒙古高技术产业创新能力不强的突出"短板"。从高技术产业创新成果来看，2018年内蒙古高技术产业发明专利拥有量147件，居全国第28位；万人发展专利拥有量35.37件，居全国第31位。

表 3-15　中国高技术产业创新能力指数

地区	2017 年		地区	2018 年	
	排名	得分		排名	得分
广东	1	63.04	广东	1	64.34
江苏	2	55.68	江苏	2	55.75
北京	3	51.59	北京	3	52.08
天津	4	50.98	山东	4	49.41
上海	5	48.80	上海	5	48.34
山东	6	48.75	福建	6	47.83
重庆	7	48.12	重庆	7	47.81
浙江	8	46.84	浙江	8	47.19
江西	9	42.96	天津	9	46.94
福建	10	42.52	四川	10	44.19

地区	2017 年		地区	2018 年	
	排名	得分		排名	得分
湖北	11	42.21	陕西	11	43.39
湖南	12	42.08	湖南	12	41.96
安徽	13	41.57	湖北	13	41.27
河南	14	41.56	安徽	14	41.26
陕西	15	41.42	广西	15	39.99
广西	16	39.97	海南	16	38.27
四川	17	38.16	江西	17	37.61
贵州	18	37.93	河南	18	37.42
海南	19	37.41	宁夏	19	35.26
吉林	20	35.84	贵州	20	35.15
宁夏	21	34.20	吉林	21	34.94
辽宁	22	33.39	云南	22	32.97
河北	23	33.07	河北	23	32.48
云南	24	32.69	辽宁	24	31.73
黑龙江	25	32.49	黑龙江	25	31.40
西藏	26	31.12	甘肃	26	30.80
新疆	27	30.42	新疆	27	30.19
甘肃	28	30.24	西藏	28	29.04
山西	29	29.32	青海	29	27.70
内蒙古	30	27.19	山西	30	25.53
青海	31	25.35	内蒙古	31	24.77
全国	—	39.90	全国	—	39.58

资料来源:《中国高技术产业创新能力评价报告 2018》。

综合以上数据分析,内蒙古整体综合创新能力、科技创新能力、高技术产业创新能力等方面均在全国排名落后,意味着传统的依靠要素驱动、投资驱动的方式已难以为继，创新能力低下成为制约内蒙古要素投入产出效率提升，实现经济高质量发展的主要制约因素之一，因此发展新经济、培育新动能、寻找多元创新动力，实现由要素驱动转向创新驱动是内蒙古当前面临的重要任务。

表3-16　内蒙古高技术产业创新能力指数细分指标得分情况

细分指标	2017 年		2018 年	
	排名	得分	排名	得分
发展能力指数	13	69.87	14	72.83
获利能力指数	29	21.86	30	19.23
偿债能力指数	27	81.91	22	87.28
产业贡献指数	25	15.53	30	7.28
运营能力指数	17	46.34	22	27.58
企业效率指数	7	84.62	11	81.61
创新投入指数	23	23.15	23	28.32
创新效果指数	29	19.99	31	28.23

资料来源：《中国高技术产业创新能力评价报告 2018》。

2. 创新人才资源匮乏

（1）创新人才"两头短缺"。当前内蒙古的人才结构存在高端领军人才不足、高端科技创新人才缺乏、高素质技能人才短缺的情况，难以满足创新型内蒙古建设、实现经济高质量发展的需要。一个团队的创新能力关键在于团队领军人才的创新能力，创新领军人才往往是拥有敏锐的市场嗅觉和整合资金、人才、设备等要素能力的优秀企业家，但内蒙古企业大多是从资源采掘和初级加工等领域起步，这种资源依赖型企业在发展过程中对科技创新的需求较小，企业家的创新意识相对薄弱。拥有自主知识产权或核心技术，能够引领产业发展的高端科技创新领军人才是企业创新的中坚力量，但是内蒙古高水平的高等院校、科研院所先天不足，企业研发机构、人才后天羸弱，高端创新人才的缺乏使内蒙古企业创新后劲乏力。2017 年内蒙古规模以上工业企业 R&D 人员全时当量仅占全国的 0.85%。另外，引领装备制造、高新技术等产业创新发展的科技骨干人才、实用性工艺人才、生产一线人才等中间人才不足，也是制约内蒙古高质量发展的因素之一。

（2）高端人才引进困难。内蒙古地处北部边疆，发展水平相对落后，尽管国家、自治区出台了诸多吸引人才的政策，但受历史原因、生活环境、创新条件、创新资源等多方面因素的影响，内蒙古在经济总量、产业结构、创新环境、人才发展空间等方面与东部乃至全国发展的平均水平相比仍然存在较大的差距，缺乏干事创业平台，导致内蒙古在引进和留住优质高端创新人才方面困难较大。2017 年内蒙古拥有研究生学历的人数仅占全国的 1.41%。

（3）人才分布不均衡。在内蒙古人才资源短缺、优质人才稀缺的现实情况下，要想实现创新发展，必须让每位人才充分发挥出自身潜能，但是内蒙古创新人才分布不均衡，难以人尽其才。内蒙古博士、硕士等高学历高层次的创新人才多分布于高校、科研院所等单位，企业所需的应用型创新人才严重短缺。例如，2017 年和 2018 年内蒙古高技术产业 R&D 活动人员占就业人员比重分别只有 4.65% 和 4.99%，全国排名倒数第 8 位和第 7 位。人才分布的不均衡导致企业在技术开发和技术改造方面心有余而力不足，严重影响企业的技术创新。

第七节 重点改革亟待突破，开放水平亟待提高

一、经济体制改革尚需进一步深化

1. 市场化改革方面

经济体制改革的核心是如何加快市场化改革、处理好政府和市场的关

系。市场机制作为一种经济运行机制，是经济体系内的供求、价格、竞争等要素之间相互联系、发挥作用的内在机理。1978 年改革开放以来，我国经济领域持续推进的市场化改革不断解放我国社会生产力，市场机制逐步完善并成为释放我国经济增长潜力的主要途径。进入新时代，推动市场化改革、进一步完善我国市场机制已经成为当前的经济工作重点以及支撑经济高质量发展的重要发力点。一是非公有制经济是推动我国高质量发展的重要主体，是推动我国社会主义市场经济发展的重要力量。因此要继续毫不动摇鼓励、支持、引导非公有制经济发展，为民营企业发展创造良好政策环境，促进投资主体多元化，提高民营经济投资占比，实现非公有制经济健康发展。二是推进要素市场化改革，以劳动、资本等生产要素市场化配置为重点，充分发挥市场机制在资源配置中的决定性作用，激发各市场主体活力，提升生产要素的市场化程度。三是减少地方政府在推进经济高质量发展中的干预程度，适当降低政府投资比重和政府消费支出占比，使市场在资源配置中发挥决定性作用，同时更好地发挥政府作用。

基于上述分析，根据数据的可获取性，本书从 3 个维度对市场化改革的效果进行评价，包括 5 项具体指标：一是经济主体多元化，使用非国有经济固定资产投资比重进行衡量；二是要素市场发育程度，使用金融业增加值/GDP 衡量资本要素市场化程度，个体就业人数/全部从业人员数反映劳动要素市场化程度；三是政府行为规范，其中通过国家预算内资金/全社会固定资产投资额衡量政府投资比重，通过政府消费支出/最终消费得到的政府消费支出比重。2017 年全国 31 个省份市场化改革效果如表 3-17 所示。

表 3-17　中国 31 个省份市场化改革效果

地区	经济主体多元	要素市场发育		政府行为规范	
	非国有经济投资比重	资本要素市场化	劳动要素市场化	政府投资比重	政府消费比重
北京	0.82	0.17	0.07	0.13	0.32

地区	经济主体多元	要素市场发育		政府行为规范	
	非国有经济 投资比重	资本要素 市场化	劳动要素 市场化	政府投资 比重	政府消费 比重
天津	0.86	0.11	0.11	0.02	0.28
河北	0.87	0.06	0.18	0.04	0.26
山西	0.80	0.09	0.17	0.06	0.24
内蒙古	0.59	0.07	0.23	0.08	0.29
辽宁	0.86	0.08	0.21	0.05	0.21
吉林	0.83	0.05	0.31	0.03	0.29
黑龙江	0.79	0.06	0.17	0.05	0.29
上海	0.80	0.17	0.04	0.11	0.26
江苏	0.86	0.08	0.20	0.02	0.26
浙江	0.82	0.07	0.22	0.09	0.25
安徽	0.79	0.06	0.15	0.06	0.21
福建	0.78	0.06	0.17	0.07	0.23
江西	0.83	0.06	0.16	0.05	0.22
山东	0.83	0.05	0.19	0.02	0.20
河南	0.86	0.06	0.11	0.04	0.26
湖北	0.77	0.07	0.27	0.07	0.26
湖南	0.77	0.05	0.11	0.05	0.27
广东	0.83	0.08	0.22	0.07	0.24
广西	0.79	0.07	0.13	0.10	0.25
海南	0.85	0.07	0.14	0.08	0.31
重庆	0.81	0.09	0.18	0.06	0.24
四川	0.72	0.09	0.14	0.07	0.23
贵州	0.68	0.06	0.16	0.07	0.22
云南	0.50	0.07	0.13	0.09	0.28
西藏	0.24	0.08	0.17	0.53	0.65

续表

地区	经济主体多元	要素市场发育		政府行为规范	
	非国有经济 投资比重	资本要素 市场化	劳动要素 市场化	政府投资 比重	政府消费 比重
陕西	0.58	0.06	0.17	0.07	0.27
甘肃	0.62	0.07	0.19	0.14	0.28
青海	0.52	0.10	0.19	0.16	0.41
宁夏	0.72	0.09	0.20	0.07	0.32
新疆	0.48	0.06	0.15	0.15	0.44

资料来源：根据《中国统计年鉴 2018》数据计算整理。

从表 3-17 可以看出，在经济主体多元化方面，内蒙古非国有经济投资比重占比为 59%，低于全国平均水平 15 个百分点，表明内蒙古非公有制经济发展还存在较大的空间，民营企业在市场准入方面还存在一些体制性、政策性障碍。需继续坚持"两个毫不动摇"，多措并举着力破除民营企业市场准入障碍，解决潜在的"玻璃门"等问题，促进投资主体多元化。要素市场发育方面，内蒙古劳动要素市场化水平较高，但资本要素市场化水平偏低，约为 7%，低于全国平均水平。未来需重点在资本市场培育方面下功夫。政府行为规范方面，内蒙古政府投资占比较低，但政府消费占比高于全国平均水平，需适当减少政府消费性支出的比重，减弱政府消费性支出对私人投资的"挤出效应"。

2. "亲""清"新型政商关系构建方面

构建"亲""清"新型政商关系是深化经济体制改革的一项重要内容。习近平总书记曾对"亲""清"新型政商关系进行了深刻阐释：对领导干部而言，所谓"亲"，就是要坦荡真诚同民营企业接触交往，特别是在民营企业遇到困难和问题的情况下更要积极作为、靠前服务，对非公有制经济人士多关注、多谈心、多引导，帮助解决实际困难。所谓"清"，就是同民营企业家的关系要清白、纯洁，不能有贪心私心，不能以权谋私，不能搞权钱交易。对民营企业家而言，所谓"亲"，就是积极主动同各级党委和政府及部门多沟通多交流，讲真话，说实情，建诤言，满腔热情支持地方发展。所谓"清"，就是要洁身自好、走正道，做到遵纪守法办企业、光明正大搞经营。中国人民大学国家发展与战略研究院从"亲""清"两个维度对新型政商关系进行了评价，发布了《中国城市政商关系排行榜2017》。评价结果显示，2017年内蒙古政商关系指数得分36.57，全国排名第16位（见表3-18），其中亲近指数和清白指数分别排名第16位和第19位。从内蒙古各地级市情况来看，各城市政商关系指数得分存在较大的差异，其中呼伦贝尔市政商关系得分最高，达到59.83分（见表3-19），在全国285个城市中排名第34位。与之相比，呼和浩特、鄂尔多斯、通辽等城市政商关系指数得分偏低，排名均在第200位之后，表明这三个城市在提升政府对企业关心程度、服务质量、减轻企业负担等方面仍存在较大的改进空间，未来需下大气力推动"亲""清"新型政商关系构建。

表3-18　2017年中国各地区政商关系指数得分与排名情况

地区	得分	排名	地区	得分	排名
上海	96.27	1	贵州	37.93	13
北京	88.50	2	江西	37.49	14
浙江	65.91	3	辽宁	37.15	15
河北	55.86	4	内蒙古	36.57	16
天津	55.06	5	陕西	35.62	17
福建	50.05	6	湖南	33.42	18
海南	49.87	7	四川	33.38	19
江苏	48.30	8	广西	33.33	20
广东	48.12	9	湖北	33.28	21
山东	42.35	10	甘肃	32.36	22
吉林	39.27	11	重庆	32.05	23
安徽	38.80	12	青海	31.96	24

续表

地区	得分	排名	地区	得分	排名
山西	31.86	25	云南	28.98	29
黑龙江	31.76	26	西藏	26.48	30
宁夏	30.38	27	新疆	25.70	31
河南	29.44	28			

资料来源：《中国城市政商关系排行榜 2017》。

表 3-19　2017 年内蒙古部分城市政商关系指数及二级指标得分情况

地区	政商关系	亲近指数	清白指数
呼和浩特	28.95	19.85	52.46
包头	36.17	23.69	60.40
乌海	35.58	27.33	54.08
赤峰	32.35	9.91	73.06
通辽	15.96	12.07	39.46
鄂尔多斯	25.44	29.05	32.71
呼伦贝尔	59.83	58.85	53.95
巴彦淖尔	45.30	27.79	71.50
乌兰察布	49.54	34.90	69.19

资料来源：《中国城市政商关系排行榜 2017》。

二、开放水平有待进一步提高

1. 开放发展水平

世界经济一体化趋势决定了中国只能在向世界开放中实现社会主义现代化，对外开放既是我国实现社会主义现代化的必要条件，也是实现经济高质量发展的必经之路。改革开放以来，我们始终坚持以改革促开放、以开放倒逼改革。实践证明，过去 40 年我国经济发展取得的成绩是在不断扩大开放的条件下实现的，未来我国经济实现高质量发展也将在更为开放的条件下推进。因此，必须坚持对外开放这一基本国策，坚定不移地扩大开放，建立和发展广泛的对外经济关系，积极融入全球产业链、价值链分工协作体系，并不断沿着产业链高附加值环节攀升。加强国际交流与合作，充分利用国外资源和国际市场，不断提高对外开放质量和水平，扩大外资和外贸开放程度，提升货物和服务贸易质量水平，在更加开放的条件下推动经济结构转型升级，促进经济高质量发展。

根据数据的可获取性，本书构建了一个衡量开放发展水平的指标体系，主要包括 4 个指标，分别为外资开放度、外贸开放度、货物贸易质量和服务贸易质量。其中外资开放度利用"外商投资企业投资额/GDP"衡量；外贸开放度利用"进出口总额/GDP"衡量；货物贸易质量利用"高技术产品进出口贸易额/进出口总额"衡量，服务贸易质量指标参考魏敏和李书昊（2018）的做法，利用"旅游外汇收入占 GDP 比重"进行替代。运用熵值法我们计算得到 2017 年我国 31 个省份开放发展水平指数。测算结果显示，2017 年内蒙古开放发展水平得分 0.019（见表 3-20），远低于全国平均水平，在全国 31 个省份中排名第 28 位（见图 3-9），仅高于黑龙江、新疆和青海，表明内蒙古开放发展整体水平不高，口岸优势发挥不足，空间区位优势与实际对外开放发展水平不相匹配。

表 3-20 2017 年我国 31 个省份开放发展水平测算结果

地区	数值	地区	数值
北京	0.132	湖北	0.040
天津	0.106	湖南	0.033
河北	0.022	广东	0.155
山西	0.048	广西	0.035
内蒙古	0.019	海南	0.088

续表

地区	数值	地区	数值
辽宁	0.080	重庆	0.069
吉林	0.023	四川	0.060
黑龙江	0.016	贵州	0.038
上海	0.198	云南	0.022
江苏	0.099	西藏	0.030
浙江	0.068	陕西	0.064
安徽	0.037	甘肃	0.020
福建	0.068	青海	0.015
江西	0.036	宁夏	0.045
山东	0.040	新疆	0.015
河南	0.053	全国	0.057

资料来源：根据《中国统计年鉴 2018》相关数据计算整理。

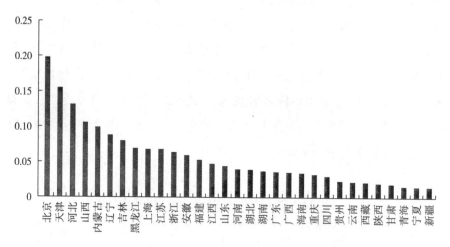

图 3-9　2017 年我国 31 个省份开放发展水平排序

2. 外贸开放水平

受多方面因素影响和制约，内蒙古潜在的沿边开发开放优势还没有充分发挥出来。一方面，内蒙古长期以来属于典型的贸易"逆差"地区，净出口常年为负数，净出口已经由 2000 年的 – 84.7 亿元扩大到 2017 年的 – 272.9 亿元（见图 3-10），这既反映了内蒙古总欠发达的区情特点，也反映出内蒙古产业国际竞争力不强的区情实际[①]。

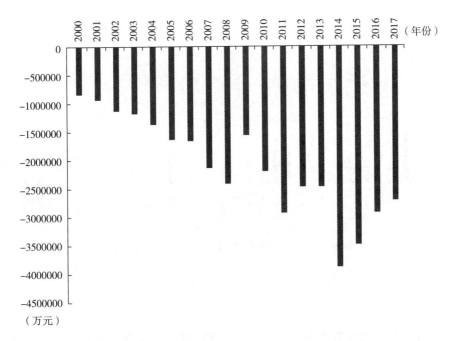

图 3-10　2000~2017 年内蒙古贸易"逆差"变化情况

资料来源：根据历年《内蒙古统计年鉴》相关数据绘制。

另一方面，近年来内蒙古对外依存度与其他主要省份的差距在不断拉大。2017 年，内蒙古外贸进出口总额 942.4 亿元，对外依存度 0.059，在全国 30 个省份中仅排在第 25 位和第 27 位（见图 3-11）。此外，内蒙古对外开放以俄蒙为主，口岸优势发挥不足，长期存在"酒肉穿肠过"现象。比如，"中欧班列"借道而过，2017 年班列开行数量突破 3000 列，但内蒙古货源不足 10%，进口物资很少在内蒙古落地，大多流向东部地区进行转

---

① 根据《内蒙古统计年鉴 2017》和《内蒙古自治区 2017 年国民经济和社会发展统计公报》相关数据整理。

化加工增值，完全"两头在外"。

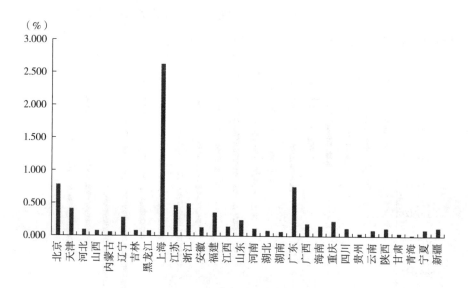

图 3-11　2017 年我国 30 个省份对外依存度情况

资料来源：根据 30 个省份 2017 年国民经济和社会发展统计公报及各省份统计局官方网站相关数据绘制。西藏自治区数据不可得。

在对外贸易质量方面，2017 年内蒙古高技术产品进出口贸易额占进出口贸易总额的比重只有 6.39%，低于全国平均水平近 20 个百分点，在全国 31 个省份中排名第 27 位，在西部地区中仅高于宁夏、青海和新疆（见表 3-21）。表明内蒙古进出口贸易存在一定的结构性问题，科技含量高、附加值高的高技术产品较少，对外贸易质量不高。

表 3-21　2017 年我国 31 个省份高技术产品进出口贸易额比重

单位:%

地区	比重	地区	比重
北京	11.70	湖北	38.22
天津	39.52	湖南	16.01

地区	比重	地区	比重
河北	6.31	广东	41.80
山西	55.37	广西	13.82
内蒙古	6.39	海南	16.51
辽宁	11.08	重庆	61.88
吉林	13.06	四川	72.00
黑龙江	3.38	贵州	47.62
上海	35.52	云南	10.46
江苏	39.60	西藏	32.31
浙江	7.64	陕西	74.97
安徽	25.93	甘肃	12.02
福建	17.87	青海	4.12
江西	17.05	宁夏	5.02
山东	11.10	新疆	2.29
河南	66.35	全国	26.35

资料来源：根据《中国科技统计年鉴2018》相关数据计算整理。

3. 外资开放水平

2017年内蒙古外商投资企业只有3453户，仅占全国的0.64%；外商投资企业投资总额为459.8亿美元，仅占全国外资企业投资总额的0.67%（见表3-22），上述两项指标均远低于全国平均水平，从侧面反映出内蒙古外资开放水平不高。

表3-22　2017年我国31个省份外商投资企业数及投资额比重

单位:%

地区	企业数比重	投资额比重
北京	5.83	7.05

续表

地区	企业数比重	投资额比重
天津	2.58	3.69
河北	1.48	1.39
山西	0.64	0.72
内蒙古	0.64	0.67
辽宁	3.13	4.58
吉林	0.75	0.56
黑龙江	0.82	0.49
上海	15.58	11.57
江苏	10.86	14.00
浙江	6.94	5.41
安徽	1.14	1.26
福建	5.24	3.78
江西	1.12	1.17
山东	5.47	4.41
河南	1.45	1.52
湖北	2.03	1.67
湖南	1.43	2.37
广东	25.19	25.54
广西	0.90	0.81
海南	0.45	1.10
重庆	1.06	1.37
四川	2.13	1.63
贵州	0.31	0.45
云南	0.81	0.54
西藏	0.05	0.04

续表

地区	企业数比重	投资额比重
陕西	1.04	1.16
甘肃	0.38	0.29
青海	0.09	0.11
宁夏	0.14	0.44
新疆	0.31	0.19
平均	3.98	3.23

资料来源：根据《中国统计年鉴 2018》相关数据计算整理。

　　从外商直接投资领域分布来看，2017 年内蒙古外商直接投资中采矿业所占比重超过一半，达到 50.46%，远高于其他行业。与之相比，外资对科学研究和技术服务业的投资比重极低，仅占 0.48%，对制造业的投资比重也仅有 28.3%。以上数据揭示出内蒙古外商投资结构不合理，对资源密集型产业的投资比重过高，远高于全国平均水平，而对附加值高、技术含量高的制造业、现代服务业尤其是高技术服务业投资力度明显不足，表明内蒙古外商投资质量不高，存在一定的结构性问题。例如，与呼和浩特经济技术开发区同为国家级开发区的陕西省经济开发区，聚集 9000 多家企业，其中包括 100 多家外资企业，吸引了可口可乐、三菱、西门子、日立、英国石油公司、阿尔斯通、ABB 以及罗尔斯罗伊斯等其他 38 个世界 500 强企业的投资项目，形成了以电力电子、商用汽车、新材料以及食品饮料为主的四大支柱产业以及风电装备与太阳能光伏这两个新兴的产业，发挥了强大的利用外资发展地方产业实力和引导产业结构优化的作用。而内蒙古外商投资过度集中在资源密集型产业更多的是国际资本追求利益的短视行为，未能实现有效利用外资促进地方经济发展和产业结构转型的目的。

　　此外，内蒙古对国内发达地区开放不足，尤其是面向京津冀、长三角、珠三角等发达地区开放不够，没有把高质量发展地区的高质量项目、企业家、人才引进来。比如，上一轮京津冀产业转移，北京转出6000多家企业，但落户内蒙古的寥寥无几，并且招商引资主要集中在能源、原材料等行业，对产业结构调整的推动作用不够强。综上所述，内蒙古对外对内开放发展水平均差强人意，未能充分挖掘自身区位优势和政策优势，这将不利于内蒙古经济高质量发展。

第四章

准确把握内蒙古高质量发展的内外部环境

国家发展大势的变化对地区发展来讲起着风向标的作用。地区发展既受国内外发展形势的影响，同时又要在发展趋势变化的情况下，找到自己的定位和比较优势。未来，我国发展仍处于并将长期处于重要战略机遇期，我国有广阔的国内市场、经济发展的韧性、潜力和回旋余地，在世界处于微弱复苏的环境中仍然会保持相应增长。同时，我国正处在转变发展方式、优化经济结构、转换增长动力的攻关期，高质量发展成为主线，供给侧结构性改革和实体经济向纵深推进，供给质量和水平将得到进一步提高；为不断解决人们美好生活的需要，消费结构将全面升级，需求结构快速调整，中国经济运行有能力保持在合理区间。因此，内蒙古高质量发展面临着诸多的机遇。同时，也必须看到，由于资源型地区自身发展的特点也使其高质量发展面临着诸多不利条件。

第一节　高质量发展有利条件

一、新一轮改革开放的机遇

改革开放既是决定当代我国命运的关键抉择，也是内蒙古发展进步的动力之本、活力之源。回望来路，正是与改革开放进程相呼应，步调相一致，才有自治区经济社会发展的长足进步。当下，新一轮改革的大幕已经拉开。一方面，国家将坚决破除一切不合时宜的思想观念和体制机制弊端，深化供给侧结构性改革，推进文化体制改革，加强社会保障体系建设，加快生态文明体制改革等重点领域和关键环节改革。这些改革领域既是当前内蒙古发展亟待破解的难点，也是内蒙古发挥过去积累的先行先试的经验，推动文化强区建设、补齐基本公共服务领域"短板"、继续推进生态文明制度先行先试，加快形成既有利于创新的体制机制，更有利于形成激励基层工作干劲的体制机制提供了重大机遇。另一方面，国家已启动新一轮扩大开放，将继续推进"一带一路"倡议的实施，这对内蒙古来讲，既有助于进一步提升在中蒙俄经济走廊建设中的核心地位，也有助于突破中蒙俄经济走廊建设的"瓶颈"，进一步畅通内蒙古与中亚、欧洲的通道。国家将实施大幅度放宽市场准入、创造更有吸引力的投资环境、加强知识产权保护以及主动扩大进口四大举措，预计未来 15 年，中国进口商品和服务将分别超过 30 万亿美元和 10 万亿美元。这有利于内蒙古进一步扩大外资利用，壮大新兴产业，倒逼传统产业升级；有助于充分发挥口岸优势，为全国扩大进口提供更多便利条件，提高内蒙古外向型经济发展水平，推动全区消费升级。

二、深化供给侧结构性改革带来的机遇

把"深化供给侧结构性改革"列为"建设现代化经济体系"的首要任务，一方面，深化供给侧结构性改革将要着力改善内部供需结构。2016年，国务院先后发布关于钢铁行业、煤炭行业化解过剩产能实现脱困发展的意见，在全国范围开展了大规模的去产能行动。"十三五"规划以来，去产能的纵深推进，促使能源重化工行业进入"剩者红利"的新阶段，行业产能利用率明显提升、供需关系显著好转，煤炭、钢铁等行业一改长达 54 个月左右的价格连续下降局面，主要能源重化工产品工业生产者出厂价格（PPI）实现了持续上涨，带动了煤炭钢铁行业（企业）利润率的快速提升。"十三五"规划以来，内蒙古既是实施供给侧结构性改革的主力军，也是供给侧结构性改革的受益者，提前完成国家分配的去产能任务，企业利润实现了由降转升，煤炭行业实现了整体脱困，产业结构得到了一定优

化。从政策基调看，继续推进去产能、释放先进产能是未来能源重化工行业发展的主旋律。一方面，供给侧结构性改革的深入推进将会进一步助力内蒙古释放能源重化工行业先进产能、积累发展资金、推动产业转型升级。借此机遇，需要下更大气力延长产业链，推进产品高端化，将更多的目光转移到世界市场，从而把机遇转化为实实在在的真金白银。另一方面，深化供给侧结构性改革将处理好实体经济与虚拟经济的关系，尤其是要着力发展实体经济。根据测算，内蒙古的实体经济占全区地区生产总值的比重一直维持在92%左右。深化供给侧结构性改革，有助于加强金融对实体经济的支持，尤其是对重振全区的民营企业发展活力来讲具有十分重要的意义。

三、新一轮产业转移的机遇

当前，我国正进入继上一轮劳动密集型产业转移后新一轮重化工和制造业转移的周期。为适应高质量发展新要求，国家从战略布局方面提出了深入推进长江经济带和加快京津冀协同发展等一系列重大战略部署。受此影响，东南沿海以及京津冀等地区出现了重化工业和部分制造业向外转移的新趋势，中西部成为承接这轮产业转移的首选地。从调研反馈的情况来看，2012年以来内蒙古传统产业优势得到进一步巩固，电力、化工产业中煤电、煤化一体化比重达到90%以上，铝产业中煤电铝一体化比重达到70%以上；煤炭、电力、化工、冶金等主要行业技术装备、节能水平处于国内领先地位，这为承接产业转移创造了良好的条件。当前，部分盟市已经承接了江苏、北京等地的煤化工、盐化工和新能源等产业，并且这一趋势也越发明显。如乌海宏源精细化工有限公司来自浙江，在浙江推进产业"腾笼换鸟"的过程中，宏源精细化借助乌海供应的低成本的原料、较低的电价和良好的产业基础，实现了产业转移。再如，乌斯太工业园区的泰丰化工有限公司来自江苏，借助园区内的内蒙古兰太实业股份有限公司提供的钠原料，建成了全球最大的靛蓝生产商。同时，北京将加快一般制造业企业疏解退出步伐，加之未来呼和浩特到北京、通辽到沈阳、赤峰到北京高铁的开通，内蒙古承接北京制造业转移有了更多的可能性。因此，顺应国家产业转移新趋势，发挥好内蒙古的能源成本优势、资源优势，加强招商引资、招才引智力度，有选择性地承接东南沿海等发达地区符合自治区产业政策和环保要求的重化工业与部分制造业，对于补齐自治区重化工业与部分制造业发展"短板"，从而推进相关产业迈向中高端必然带来重大机遇。

四、第四次工业革命的机遇

第四次工业革命是以人工智能、清洁能源、机器人技术、量子信息技术、虚拟现实以及生物技术为主的全新技术革命。其中，工业革命必然伴随能源革命。未来能源的发展将朝着清洁化、智慧化、能源互联的方向发展，我国新增能源需求将主要依靠增加清洁能源供应满足，清洁能源比例将不断扩大，煤炭高效清洁利用仍是能源革命的一项重要任务。因此，内蒙古作为国家重要的能源基地，顺应第四次工业革命的契机，加快推进能源消费、供给、技术、体制革命，研发和推广智慧能源技术，推动能源互联网与分布式能源技术、智能电网技术、储能技术的深度融合，加强氢能等前沿技术的研发和示范，对内蒙古做大现代能源经济这篇大文章，抢占能源革命制高点，打造全国乃至全球能源经济引领者提供了难得的发展窗口机遇期。

同时，以信息技术为代表，包括新能源、新材料、生物技术、航空航天等在内的新一轮技术革命进入空前密集活跃期，科学技术新发现、新发明呈现非线性、爆发式增长，直接转化为生产力和经济效益的周期大为缩短。技术革新与商业模式创新使产业之间呈现高度融合的新特征，技术革新不仅催生了新经济的加快成长，还为提升和改造传统产业腾挪出了巨大空间。面对第四次工业革命，我国将加快实施制造业创新中心建设、智能制造、绿色制造、工业强基和高端装备创新五项工程，这为内蒙古融入第四次工业革命提供了"接口"。同时，内蒙古作为国家大数据基础设施综合试验区，云计算服务能力在全国位居首位，具有推进数字技术与传统制造技术融合发展、推动工业增值领域从制造环节向服务环节拓展的天然的优势。作为国家重要的能源基地、新型化工基地、有色金属生产加工基地，又具有承接优势技术的规模优势。因此，第四次工业革命也为内蒙古做大中蒙医药、新材料、航天航空和大数据云计算等战略性新兴产业，形成一批突破性、颠覆性、引领性的新技术、新产业、新业态创造了条件。

五、消费需求升级的机遇

党的十九大提出，我国社会主要矛盾已转化为人民日益增长的美好生活需要与不平衡、不充分发展之间的矛盾，主要矛盾转化也预示着我国居民消费品质由中低端向中高端转变，消费形态由物质型向服务型转变，消费方式由线下向线上线下融合转变，消费行为由从众模仿型向个性体验型转变。例如，内蒙古现有"三品一标"产品 1917 个，地理标志登记保护产品 89 件，有机农畜产品产量居全国第一，农畜水产品抽检合格率继续保持在 98%以上，这说明内蒙古的消费品具备了产品高端化的基础。又如，近年来内蒙古旅游业迅猛发展，2016～2017 年旅游业收入年均增速保持在 20%以上，高出全国十几个百分点，加之草原、森林、沙漠及人文等特色旅游资源，为内蒙古做大旅游，壮大绿色生态康养业，推动服务多元化提供了有利条件。因此，顺应消费升级大趋势，以新消费引领新供给，对内蒙古面向全国市场，进一步做大做强绿色农畜产品加工、文化旅游、康养等产业，填补消费新业态、新模式来讲，是不谋而合的重要机遇。随着城镇化水平的持续提升以及更多人加入中等收入群体，内蒙古自身消费空间将进一步拓展。根据相关统计，我国城镇化率每提高 1 个百分点，拉动消费增长约 1.8 个百分点。目前，内蒙古户籍人口城镇化率仅为 44.26%，可以说，在国家新一轮消费扩大和升级的背景下，继续提高内蒙古城镇化水平，就能够深入挖掘消费潜力，扩大消费总量，提升消费贡献率。2016 年内蒙古 65 岁及以上人口 238.91 万人，占全部人口的 9.48%，比 2010 年第六次人口普查提高 1.92 个百分点，属于老年型地区，未来老龄产业消费市场巨大，这也为内蒙古发展康养产业提供了机遇。

六、国家推出新一轮区域发展政策带来的机遇

2016 年 11 月，国家出台了《西部大开发"十三五"规划》，明确提出支持呼和浩特开展大数据产业技术创新试验区等建设试点。在培育战略性新兴产业等领域的重点任务中，明确建设包头、赤峰新能源汽车产业基地，建设鄂尔多斯、包头等环保安全成套装备生产基地等。在深入推进沿边地区开发开放中，明确指出推动内蒙古建设向北开放的桥头堡，这为内蒙古继续发挥比较优势，增强自身内生动力提供了重要机遇。2016 年 11 月《关于深入推进实施新一轮东北振兴战略部署加快推动东北地区经济企稳向好若干重要举措的意见》明确提出，国家将进一步加大对东北地区在推进体制机制改革、创新驱动、加强生态建设、补民生领域"短板"等领域的支持；党的十九大后习近平总书记考察东北三省并发表了重要讲话，既给东北地区发展明确了方向，也为内蒙古东部地区发展争取更多政策支持提供依据。2018 年印发的《关于新时代推进西部大开发形成新格局的指导意见》，要求推进西部大开发形成新格局，意味着西部将迎来新一轮的大发展。同时在宏观政策上，国家突出了强调补"短板"，重点是基础设施和乡村振兴，这为内蒙古改善基础设施供给状况带来了契机。

七、"大交通"发展格局快速形成带来的机遇

呼和浩特至北京高铁即将开通，届时内蒙古将融入北京及京津冀城市 2.5 小时经济圈，发展要素的流动效率极大加速。这为内蒙古发挥良好的产业优势以及较好的生产、生活配套优势，吸收更多资金、技术、人才提供了前所未有的机遇，这也为更好地承接北京非首都功能疏解，深度融入京津冀协同发展战略提供了更多可能性。

第二节　冷静面对发展新挑战

经济运行稳中有变，中国经济发展遇到了一些突出矛盾和问题，一些领域不确定性有所上升，一些企业经营困难增多，一些领域风险挑战增大。其中，中美贸易摩擦正在逐步升级，对中国经济的增长速度会有0.2%~0.5%的影响，这意味着全国经济下行压力将有所增大。这对内蒙古而言，最直接的影响就是对能矿资源需求的下降。在此背景下，未来3~5年极有可能是内蒙古经济发展最为困难的时期，经济社会发展不平衡、不充分问题也将集中凸显。

一、国际经济环境明显变化带来的挑战

"十三五"规划以来，我国外部环境发生了明显变化，单边主义、贸易保护主义盛行，国际贸易出现了较大不确定性，尤其是美国挑起的贸易摩擦，使发展的外部不确定性因素进一步增加。尽管中美贸易摩擦对内蒙古短期的影响和冲击不会太大，但长期影响不容忽视。例如，根据伊利集团反映，国内乳业生产用的乳清粉近六成从美国进口，该产品的关税税率由10%涨到35%；我国进口的苜蓿草有94%来自美国，税率由5%~7%涨至30%~32%。按照伊利集团2017年进口量测算，增加成本13.3亿元。驻内蒙古的阜丰生物、金河生物、梅花生物等公司生产的苏氨酸属于美国对我国出口加征关税税目之列的高新技术产品。2019年该商品前5个月对美出口1032.6万美元，同比2018年大幅增长1.1倍，占同期自治区对美高新技术产品出口总值的41.3%。加征25%关税后，企业将面临压缩产能和重新开拓市场的考验，企业为保持价格竞争优势，必须大幅降低生产、物流、销售各环节成本，相关产业链上下游企业员工的收入面临下降风

险。鄂尔多斯京东方公司是当地政府重点引进与扶持的企业，据公司负责人介绍，只负责公司初级配套产品的生产，涉及 LED 屏精密制造环节需在公司总部完成。考虑到美国加征关税后将严重影响总公司的出口，鄂尔多斯京东方公司现在已减缓了初级材料的生产工期。此外，内蒙古多数产品处于产业链前端，原字号的初始材料产品在市场波动中具有一定迟滞性。如果贸易战持续恶化，随着国内诸多产业受到冲击，终将传导并影响内蒙古产业的发展。除了上述直接影响之外，更为重要的影响是中美贸易摩擦带来对我国经济增长的压力，由于经济下行，其对内蒙古能矿资源的市场需求将收缩，进而间接影响全区企业正常生产经营和经济整体增长，使正在缓慢回升的经济增长受到挤压。

二、国家从严的管控政策带来的挑战

第一，在从严的环保政策下，国家将会从规模扩张为主转向质量第一、效率优先，更加强调创新、绿色、质量、效率等内涵发展要求。相应地，产业政策的规模技术门槛不断提高，环保标准及要求越来越严，环境事件的查处力度越来越大。在此背景下，内蒙古资源型产业项目审批会受到诸多限制，企业生产经营也不得不付出更高的资源环境成本，资源消耗、土地指标、环境容量指标等指标限制将对发展形成一定制约。第二，在从严的金融风险防范政策下，我国将实施稳健中性货币政策，综合运用多种货币政策工具，保持银行体系流动性合理稳定。同时，将实施更加严格监管政策，推动非金融机构企业去杠杆，进一步优化信贷结构，未来信贷额度大幅增长可能性已经变得微乎其微，这意味着原有"大水漫灌式"的资金供给将不复存在。例如，2018 年上半年，内蒙古国家开发银行、建行新增贷款同比少增 231 亿元和 195 亿元。内蒙古能源重化工业属于资本密集型产业，未来资金供给趋势将会对产业发展和转型升级带来新的挑战。同时，内蒙古许多企业在资源型产业发展黄金期，由于经营不善、资金断裂，企业还贷存在困难，企业信用受损，银行贷款已经变得越来越困难。例如，内蒙古鄂尔多斯市 2010 年全市 442 家煤炭企业，几乎全部涉足房地产业。2012 年以来随着经济进入新常态，煤炭市场行情下行，房地产泡沫破裂，近八成煤炭企业资金链断裂，当地银行坏账率激增，使产业可持续发展和转型升级产生了很大困难。第三，在从严的政府债务控制政策下，建设资金的筹集面临较大困难。改善基础设施和民生领域需要较大的财政投入，在自治区各级财政压力较大的情况下，建设资金筹集便成了突出问题。化解政府债务尤其是政府的隐形债务的力度将不断加大，明股实债的 PPP 项目将会得到大量清理。内蒙古经过清理整顿后，超过一半的项目被清退出库，数量和规模居全国首位。同时，原有政府承诺最低收益也明令禁止，民营未来投资将会承担一定的风险。这意味全区通过快速引入资金、促成项目的可能性正在变小。

三、区域竞争加剧带来的挑战

首先，国内新一轮产业转移已经呈现出从低端产业向中高端产业扩展，从单一企业向产业链、组团式转变，从单向转移向双向转移的趋势。产业转移更加注重对转移承接地区综合制造成本的考量、对产业配套能力的要求及对转移承接地区消费市场的考察，有着产业特色和配套产业基础的地区以及中部城市群最吸引东部企业转移。高端装备主要承接地在高端装备制造业具有良好发展基础的河南、湖北和湖南等省和东北地区；生物科技、医药主要承接地在生物、医药产业聚集程度较高的东北地区；大数据云计算主要承接地在具有科技、人才资源优势的西安、成都等地。同时，内蒙古具有承接优势的能源化工、有色金属和钢铁行业也呈现出向江苏、广东及和中部腹地聚集的趋势。因此，在内蒙古产业配套、基础设施和科技人才等条件无法短期改变的情况，未来内蒙古要从产业转移中谋得重大项目的难度越来越大。例如，从与周边省份的对比来看，抛开区位、产业基础等因素，在承接产业转移的服务政策方面，内蒙古已经滞后于河北省。河北省成立了承接产业转移服务平台，在承接京津冀转移产业方面提供精准服务。仅在 2017 年河北省从京津引进项目就多达 2250 个，引进资金高达 1875 亿元。在发展策略方面已经落后于山东省。山东省"十三五"规划已经明确提出，支持聊城、德州、滨州、东营承接北京非首都功能疏解和京津产业转移，打造京津冀协同发展示范区。仅 2016 年山东省德州市签约来自京津的亿元以上产业项目就达 197 个。

其次，京津冀协同发展等较大的区域发展单元不断向纵深推进，尤其是京津冀协同发展在辐射周边的同时，也带来了强大的"虹吸"效应，这无疑会对内蒙古在人才、技术、资金等方面形成直接或间接的挑战。2017 年以来，全国各地掀起的"抢人"大战，使人才这个第一资源的竞争更加激烈，在全区人才引进效果不明显、基本公共服务水平较低、基础设施不完善、体制机制不灵活的情况下，内蒙古的人才吸纳变得越发困难。

四、未来要素供给带来的挑战

首先，从劳动力的供给看，人才短缺与劳动力供给数量和不足并存。一方面，推动创新驱动，推进传统产业的产业链和价值链向高端延伸需要更多的人才。而从内蒙古的实际来看，创新的人才正在减少。2017 年全区共有 R&D 人员 48755 人，同比减少 5886 人；反映自主创新人力资源状况的 R&D 人员折合全时当量 33030 人年，同比减少 6451 人年。另一方面，劳动力的供给的数量和质量不能满足适应发展需要。部分产业园区面临"用工难、用工荒"的问题，如乌海市的每个工业园区平均劳动力缺口为 1000 人。劳动力素质较低，截至 2016 年，全区 6 岁及以上人口受教育年限达到 9.3 年，比 2010 年人口普查时提升 0.3 年，但同期全国受教育年限由 8.64 年提升到 10.23 年，提高幅度高出自治区 1.29 年。其次，从资金供给看，信贷空间逐渐缩小。全区金融机构人民币存贷款余额比从 2015 年的 94.8% 上升到 2018 年上半年的 95.8%，高出全国平均水平 21.2 个百分点。此外，由于全区金融市场建设力度较弱，金融体系不完善，使直接融资规模不断缩小。2016 年全年全区非金融企业直接融资为 -207.3 亿元，同比减少 785.8 亿元；2017 年直接融资净减少 26.7 亿元，同比减少 180.6 亿元。在此背景下，融资成本可能会进一步提升，从而影响新经济领域初创企业和传统技改企业的正常资金需求。

五、社会治理体系建设滞后带来的挑战

随着新型工业化、信息化、城镇化、农业现代化的加速发展，经济结构深刻变革、利益格局深刻调整、思维观念深刻变化、社会结构深刻变动，社会治理面临的形势环境变化之快，改革发展稳定任务之重、矛盾风险挑战之多前所未有，给社会治理提出了一系列新挑战、新要求，迫切需要我们进一步加强和创新社会治理，努力打造共建共享的社会治理格局。但从全区社会治理体系建设来看，同时，公民参与社会治理意识或能力不足，公民参与水平低。社会治理制度建设较为滞后，行业规范、社会组织章程、村规民约、社区公约等社会规范建设存在"短板"。用法治思维和法治方式防控风险、化解矛盾的水平有待进一步提升，司法不规范问题尚未彻底根治，弹性执法不同程度存在。基层社会治理呈现出碎片化、分散化、矛盾化的特点。社会协同和公众参与仍是重要"短板"，全区社会组织发展不充分，每万人拥有社会组织数量与北京、上海、浙江等地存在较大差距导致。这些问题已经成为改善全区民生水平，提升全区各族人民群众满足感、获得感的挑战。

第五章

高质量发展的总体思路和
需要处理好的六大关系

第一节　总体思路

　　加快推进高质量发展，要深入贯彻习近平新时代中国特色社会主义思想和党的十九大精神，全面贯彻落实习近平总书记考察内蒙古重要讲话精神，牢固树立和坚持新发展理念前提和总遵循下，坚持以现代化建设为引领，以人民为中心，以发展为主题，以供给侧结构性改革为主线，守住增长的底线、生态的底线、民生的底线，稳定经济增长预期，量的合理增长与质的稳步提升的有机统一，"旧路子"与"新路子"的有机统一，构筑绿色经济发展新模式，通过创新驱动、改革推动、开放拉动、区域联动、绿色带动、政策促动等路径，探索符合战略定位、体现内蒙古特色，"生态优先、绿色发展"为导向的高质量发展新路子，把祖国北疆这道风景线打造得更加亮丽，建成生态文明示范区、新时代模范自治区。

第二节　需要处理好的六大关系

　　一是处理好生态优先与经济增长的关系。人类文明发展的历史，在经历了原始文明、农业文明和工业文明之后，生态文明走上了前台。人类进入工业文明时代以来，传统工业化迅猛发展，在创造巨大物质财富的同时，也加速了对自然资源的攫取，打破了地球生态系统原有的循环和平衡，造成人与自然关系紧张。从20世纪30年代开始，一些西方国家相继发生多起环境公害事件，损失巨大，震惊世界，60年代以来，气候变暖、土地沙漠化、森林退化、臭氧层破坏、极端气候增多等为主要特征的生态危机日益凸显，引发了人们对传统工业化发展模式的深刻反思。工业文明过度张扬人的主体性而贬低自然价值，在使人类取得辉煌成就的同时，也给人类带来了严重危机。人们日益深刻地认识到：产业革命以来的经济增长模式所倡导的"人类征服自然"，其后果是使人与自然处于尖锐的矛盾之中，并不断地受到自然的报复，这条"先污染、后治理"传统工业化的道路，使人类社会面临严重困境，实际上引导人类走上了一条不可持续发展的道路。人类开始自觉地寻求新的发展模式。

如何处理生态保护与经济发展的关系，决定着内蒙古是走"先污染、后治理"的传统工业化老路，还是闯出一条新路的重大战略问题。强调生态优先，根本上是由内蒙古区情决定的，也是由内蒙古在国家发展大局中的责任和担当决定的。过去内蒙古经济一度的高速增长是以粗放式资源开发换取的，这既牺牲了我们的生态环境，也造成了经济增长对资源型产业的路径依赖和锁定，产生了挤出效应，使经济发展与生态环境的矛盾较为突出。在这个问题上，我们一定要提高政治站位，自觉地把生态优先作为政治任务落实好。正如习近平总书记讲过的，"保护生态环境就是保护生产力，改善生态环境就是发展生产力"，也就是说生态保护、环境建设本身就是一种发展，是经济高质量发展的应有精髓要义。

但是，生态优先既不是不要经济增长，也不是内蒙古未来仅仅就搞生态保护与建设了，更不是要回到原始文明，而是追求什么样经济增长的问题。我们知道，生态不等于生态文明，生态文明是从文明的阶段性讲的，是经历了原始文明、农业文明和工业文明后，人类文明发展的更高级的阶段；不是所有的经济增长都会造成生态环境的污染和破坏。换言之，不恰当的经济增长方式才会导致环境恶化、生态退化。因此，在处理经济发展和生态环境保护两者关系时，正确的态度应该是：生态环境保护不应是舍弃经济发展的缘木求鱼，经济发展不应是对资源和生态环境的竭泽而渔，而是要以资源环境承载能力为基础，守住生态保护的红线、环境质量的底线和资源消耗的上限，这是最高的境界。也就是说，从长期来看，经济发展和生态环境保护是一致的、相得益彰的。当然从短期看，生态保护与经济发展也还是有一定矛盾的，为了保护生态环境，就要牺牲经济增长速度，如承接产业转移时，一些能源资源密集的产业，内蒙古就不能来者不拒，要有选择的招商，不能简单地与发达地区攀产业、比结构、赛速度，要保持战略定力；与此同时，在处理已有的问题时，也不能急功近利搞"一刀切"，切记防止运动式的做法，正确的是渐进、持续推进。

处理经济发展和生态环境保护两者关系时，根本的出路是守护好发展这个第一要务，以经济建设为中心，针对资源型产业特点，加快转变发展方式，推进经济转型升级，重构绿色发展的经济形态，既要按照产业生态化要求，延长产业链、提升价值链、整合供应链，又要把握生态产业化的思路，打好绿色品牌，利用生态价值。针对资源消耗高的特点，坚持节约资源和保护环境的基本国策，构建绿色循环低碳生产体系，建设资源节约型和环境友好型社会。针对经济布局分散化的特点，坚持在发展中保护、在保护中发展，实行集中集聚集约、收缩转移调整，形成节约资源和保护环境的空间格局、产业结构、生产方式和生活方式，实现经济社会发展与人口、资源、环境相协调，经济社会生态效应相统一。

二是处理好稳增长与高质量发展的关系。内蒙古作为欠发达地区，当前主要矛盾仍是发展不足，坚持发展仍是解决内蒙古所有问题的关键。"十三五"规划以来，内蒙古经济持续下行，经济增长压力较大。若经济下行持续下去，内蒙古与其他省（区、市）的发展差距就会进一步拉大，既影响对经济未来发展的预期，也会影响内蒙古推进经济高质量发展的基础。同时，必须看到，我国经济是转向高质量发展阶段，而不是转为高质量发展阶段，这其中有一个过程。在此过程中，内蒙古仍需要保持一定的增长，才能做大全区经济总量，实现经济结构的调整。高质量不等于低速发展，也绝不意味着可以放松发展，没有一定的发展速度做支撑，扩大就业、提高收入和改善民生就没有物质基础，推动内蒙古高质量发展也就无从谈起。高质量发展为稳增长提供方向。一味地片面追求高增长也是不合规律与实际的，这也是内蒙古过去过分强调高速增长给我们带来的最大教训与启示。高质量是高效率增长，更强调科技创新的作用，这就要求内蒙古的增长要从依靠要素投入转向创新驱动。高质量发展是绿色成为普遍形态的发展，是可持续的发展。在转向高质量发展过程中，通过打好污染防治攻坚战，进一步倒逼产业结构转型升级，能够更好实现绿色增长。同时，能够发挥全区的"绿色"价值，推动绿色农业发展、工业绿色发展和环保产业发展，提供新的增长点。

三是处理好政府与市场的关系。在不同发展阶段，处理政府与市场关系的着力点和关键也应有所不同。过去一个时期，内蒙古抓住国家能源化工需求井喷式增长的机遇，全力实施追赶战略，提出了"资源引资金、资源带项目"的发展思路，通过行政力量进行大范围宽领域煤炭资源调配，吸引有实力的专业化企业来内蒙古建设煤炭深加工利用产业和高新技术与装备制造业，实现了跨越式发展，但同时也逐步固化了"一煤独大"的产业发展格局。当前，随着社会主义市场经济体制不断深化，创新驱动越来越成为经济社会发展的主旋律，市场在其中发挥着越来越重要的作用，企业家精神成为决定成败的关键。这意味着，一方面，内蒙古要充分发挥市场在资源配置中的决定性作用。例如，矿产资源配置的方式要从政府配置彻底转向市场配置，积极探索发挥市场作用的有效方式。另一方面，必须加快政府职能的转换，为市场发挥决定性作用创造条件。特别是深化"放管服"改革，进一步放宽准入，降低制度性交易成本，更好营造自主经营公平竞争环境以及商品和要素自由流动平等交换的现代市场体系。

四是要处理好民营经济与国有经济的关系。国有经济和民营经济是中国特色社会主义市场经济不可或缺的组成部分，两者之间是相互促进、共同发展的关系。一方面，国有经济在全区发展中具有无可替代的支撑作用。当前，全区国有资本主要集中在钢铁、电力、矿产、交通、环保等重点领域，发挥着关键作用。混合所有制经济改革取得明显的成效。另一方面，民营经济是国民经济和社会发展的生力军。2017年全区非公经济主体已占市场主体总量的98%，民营经济实现了增加值10193.33亿元，占地区生产总值比重达到63.3%；民营经济固定资产投资额完成6644.37亿元，占全区固定资产投资比重达到46.1%；民营经济实现纳税额1290亿元，占全区税收总收入比重达到67.7%；民营经济占就业人口比重达到56.7%左右，同时也涌现出了诸如伊泰、君正等行业领军企业。但也必须看到，一方面，全区非公经济规模小、发展不足。2017 年，内蒙古入围中国民营企业 500 强的企业只有 6 家，同期浙江省有 120 家。另一方面，民营经济出现了发展增速放缓、民间投资明显下滑的现象。导致这种境况的发生，既与市场需求不旺和民营经济自身能力动力不足有关，也与营商环境不优、民营经济融资难融资贵、税费负担较重、制度性交易成本较高以及个别行业准入难等有关。基于此，在坚持两个毫不动摇的基础上，要对国有和民营经济一视同仁，平等对待大中小企业；统筹规划国有资本、国有企业布局，推进混合所有制经济改革，增强国有经济核心竞争力；运用好信贷支持、民营企业债券融资支持工具、民营企业股权融资支持工具等融资"三支箭"；着力通过放宽市场准入和营造良好营商环境，破除民营经济发展的"三扇门""三座山"，形成国有经济和民营经济优势互补、相得益彰和共同发展的良性格局。

五是处理好自身努力与争取国家支持的关系。作为发展落后的边疆少数民族地区来说，争取国家的支持既是自治区发展的重要权利，也是基于大局观和全局观视野下国家应尽的义务和责任。一方面，在国家建设现代化经济体系进程中，作为自身发展权和利益诉求的实现，根本途径在于增强自身发展的造血功能与内生动力。另一方面，内蒙古作为模范自治区，为保障国家能源安全、粮食安全、生态安全乃至边疆安全等国家安全方面做出了巨大贡献，也为全国生态文明制度建设提供了"内蒙古"方案，为全国开放大局的优化承担了自己应尽的责任。同时，也承受了巨大的负外部性与发展机会的流失，更主要的是在维护国家利益、安全与实现国家发展重大战略方面，存在单凭一己之力难以解决的问题。这就需要国家从统筹权利与义务的视角出发，尤其是借力国家调集资源集中力量办大事方面的独特优势，强化对自治区安全与发展方面的要素投入、转移支付及节能减排、战略性新兴产业布局、自贸区建设等方面的政策支持，从而有效克服单一依靠地方自身难以突破的"瓶颈"与制约。

六是处理好基础设施建设与经济发展的关系。基础设施建设是全区投资增长的最重要的动力源，对于自治区经济社会发展起到了至关重要的作用。"十三五"规划以来，全区基础设施投资占全区固定资产投资的比重维持在40%左右。基础设施投资直接影响投资走向，2017年以来全区之所以固定资产投资出现较大下滑，其中很大原因在于基础设施投资出现了明显下滑。在短期内新动能带来的发展动力不能快速释放的情况下，仍需要发挥基础设施投资这一关键拉动作用。同时，基础设施仍是全区发展的"短板"，未来还需要谋划建设一批基础设施项目。需要注意的是，在政府债务风险较高的情况下推动基础设施建设，必须本着有必要、有条件和尽力而为、量力而行的原则，结合稳增长、建成全面小康和推进乡村振兴等当务之急，着眼于人民群众最关心、最迫切、最需要解决的民生问题，包括农村人居环境改善、棚户区改造以及教育、卫生、文化等与消费升级相关领域基础设施投资与建设。此外，也不能因为当前可用财力吃紧，在基础设施建设方面裹足不前、因噎废食，而是要围绕长远发展考虑，抓住国家新一轮基础设施补"短板"的机遇，争取更多的重大基础设施项目，加大能源管线网、重大生态建设、对外交通通道、科技创新、高技术制造、战略性新兴产业、信息网络等重大引领性基础设施策划和建设力度，从而为后续发展充分积蓄势能，使之成为今后地区经济社会可持续发展的强大引擎。

第三节　高质量发展需要把握的重点

　　推动经济高质量发展，是习近平总书记关于内蒙古工作系列重要讲话和指示批示精神的鲜明指向。2014年习近平总书记考察内蒙古时，提出"着力转变经济发展方式"，提高经济发展质量和水平；参加十三届全国人大一次会议内蒙古代表团审议时提出"扎实推进经济高质量发展"；参加十三届全国人大二次会议内蒙古代表团审议时提出"要探索以生态优先、绿色发展为导向的高质量发展新路子"。推动内蒙古经济高质量发展需重点把握以下几个方面：

1. 以思维方式变革作为高质量发展先导

思想是行动的先导，打破固化思维方式的桎梏才能摆脱传统经济发展方式的路径依赖。习近平总书记指出："我国经济已由高速增长阶段转向高质量发展阶段。现在，我国经济结构出现重大变化，居民消费加快升级，创新进入活跃期，如果思维方式还停留在过去的老套路上，不仅难有出路，还会坐失良机。"总书记的这一论述，突出强调了思维方式对一个地区经济发展的决定性影响，对内蒙古具有极强的现实针对性。改革开放以来特别是 21 世纪以来，内蒙古经济发展取得巨大成就，但欠发达的基本区情尚未根本改变，发展不平衡、不充分问题还很突出。内蒙古发展面临的困难，放在全国区域发展的大背景看，既有客观因素，也有主观原因，但根子在思想观念上。扎实推动经济高质量发展，亟须在内蒙古来一次思想再解放、思维方式再变革。

一方面，要教育引导广大干部特别是各级领导干部牢固树立发展是第一要务的思想。要深刻认识到，高质量发展不是不要发展，强调生态优先不是放弃发展，相反"发展才是社会主义"，发展才是解决内蒙古一切矛盾和问题的关键，离开发展一切无从谈起；深刻认识到，"不以 GDP 论英雄"不是不要必要的经济增长速度，更不是对经济下行"无限"容忍，相反确保经济平稳运行既是高质量发展的基本要求，也是其他方面工作健康开展的重要基础。立足于欠发达的基本区情，面对严峻复杂的经济形势，必须始终坚持发展第一要务不懈怠，扭住经济建设中心不动摇，坚决防止经济增长滑出底线。另一方面，教育引导广大干部特别是各级领导干部坚定不移贯彻新发展理念和高质量发展要求。要深刻认识到，新时代发展作为第一要务没有变，但发展阶段、发展条件变了，发展理念、发展方式必须变。发展不能走老路，发展必须是科学发展、绿色发展、高质量发展。一定要牢固树立和践行新发展理念，坚决从过度依赖资源开发的思维定式和路径依赖中摆脱出来，从拼资源要素投入的传统发展模式中摆脱出来，走出一条体现内蒙古特色的高质量发展新路子。

2. 以做强实体经济筑牢高质量发展根基

实体经济是内蒙古经济的主体，也是经济高质量发展的基石。习近平总书记指出："推动经济高质量发展，要把重点放在推动产业结构转型升级上，做实做强做优实体经济。"总书记的这一要求，抓住了推动高质量发展的"牛鼻子"，明确了内蒙古推动高质量发展的关键和重点。

要深化落实"五个结合、五个融入"要求，着力构建多元发展、多极支撑现代产业新体系，积极构建绿色低碳循环发展的经济体系，加快改变产业"四多四少"状况。为此，要减法加法一起做。进一步化解过剩产能，坚决淘汰关停环保、能耗、安全、质量、技术等方面不达标的企业，为新兴产业、绿色产业发展腾空间、让指标。要传统新兴同时干。一方面，实施传统产业转型升级行动计划，促进能源、化工、冶金、建材、农畜产品加工业等传统产业转型升级。提高资源综合利用率和产品精深加工度，推动资源型产业绿色转型，促进互联网、大数据、人工智能与传统产业深度融合，推动产业链向下游延伸、价值链向中高端演进。立足内蒙古资源禀赋、产业基础和国家需求，把现代能源经济这篇文章做好。农畜产品加工业是内蒙古最早走向全国的品牌产业。要进一步提高乳、肉、绒、粮油等农畜产品加工转化程度和精深加工水平，建设和完善农牧业生产标准化体系、农畜产品质量监测体系和安全追溯体系，打造更多绿色有机无公害品牌，向市场提供更多优质绿色农畜产品，建设好面向全国的绿色农畜产品生产加工基地。

另外，要大力发展先进制造业、战略性新兴产业和现代服务业。积极促进新兴产业规模化、高端化、绿色化、集群化发展，加快发展现代服务业，加快改变单一化、重型化产业结构，培育壮大经济发展新动能。要政府市场"两手抓"。充分发挥市场在资源配置和结构调整中的决定性作用，具体干什么、不干什么由市场说了算，由企业面对市场自主决策。政府要有所为有所不为，更好地发挥政府在产业发展中的调控引导作用。要坚持适应发展、适度超前的原则，抓住国家基础设施补"短板"机遇，全面加强基础设施网络建设。基础设施建设需要大量的资金投入，要在深化投融资体制改革上动脑筋、想办法。投资主体要多元，投资渠道要多样，通过改革创新满足基础设施建设必要的资金需求，通过时空变革创造经济发展新优势。

3. 以实施创新驱动强化高质量发展动力

创新是引领发展的第一动力，是建设现代化经济体系的战略支撑。推动高质量发展，无论是改造提升传统产业，还是培育发展新动能，都必须坚持把创新摆在发展全局的核心位置，着力激活创新这个第一动力，推动形成以创新为主要引领和支撑的经济体系和发展模式。为此，一是要加大投入。通过多种方式进一步加大政府对基础研究、自主核心技术的研发及创新平台、重大科技基础设施建设的资金支持。二是要培育主体。进一步强化企业在创新中的主体地位，推动创新资源要素向企业聚集，完善以企业为主体、市场为导向、产学研协同推进的区域技术创新体系。三是要建设平台。继续实施平台载体建设工程，抓好重点实验室、工程技术研究中心等创新平台以及高新区、农业科技园区等创新载体的建设和升级。四是要突出重点。围绕产业链部署创新链，围绕创新链延伸产业链。要集聚人才。内蒙古推动高质量发展，最缺的是人才，最难的是留住人才。唯有在科技管理体制、科研经费使用、利益分配制度、人才培养引进使用机制和方式等方面更为大胆创新和突破，实行更加积极、灵活、宽松、有效的人才政策，才可能在激烈的人才竞争中占得一席之地，为高质量发展提供有效的人才支撑。

4. 以优化空间布局挖掘高质量发展潜力

坚持协调发展理念，推进城乡区域协调发展，是优化经济空间布局、推动经济高质量发展的内在要求。习近平总书记嘱托要优化资源要素配置和生产力空间布局，走集中集聚集约发展的路子。一是要促进区域协调发展，打造更多有竞争力的区域经济增长极。要坚持生态优先、绿色发展，统筹谋划沿黄生态经济带建设，明确区域功能定位，引导产业、人口向沿黄工业园区和重点城镇集中集聚。推进资源、要素、产业与城市功能深度融合，在协同发展上取得新进展。要深入研究推进区域协调发展的具体举措，切实增强区域发展的联动性、协调性和整体性，形成多点发力、多极支撑的区域发展格局。二是要促进城乡协调发展，扎实推动乡村振兴。坚持绿色兴农兴牧、质量兴农兴牧、品牌强农强牧，深入推进农村牧区供给侧结构性改革，着力促进农村牧区第一、二、三产业融合发展，加快推进农牧业现代化。按照产业兴旺、生态宜居、乡风文明、治理有效、生活富裕的总要求，促进农村牧区全面振兴，挖掘出广袤农村牧区蕴藏的巨大发展潜力，为高质量发展提供更大空间。

5. 以扩大开放合作拓展高质量发展空间

开放合作是高质量发展的必由之路。内蒙古作为经济欠发达地区，尤其需要依靠开放合作集聚高端要素、汇集高端人才、培育高端产业，善于借助外力推动高质量发展。内蒙古与俄罗斯、蒙古两国接壤，毗邻国内八个省区，靠近京津等大城市，区位优势独特，开放合作条件好，是国家向北开放的最重要门户。党的十九大提出加大西部地区开放力度，这是一项具有深远意义的战略决策，目的是以开放促进西部发展。内蒙古一定要抢抓机遇，促进更高水平的开放和合作。要畅通大通道、建设大口岸，加快实施一批与俄蒙基础设施互联互通的重点项目，积极参与覆盖"一带一路"沿线国家、辐射周边省区的集疏体系建设，加快满洲里、二连浩特国家重点开发开放试验区建设，推进边境经济合作区、跨境经济合作区、跨境旅游合作区建设等；既要培育壮大一批国际化品牌，推动更多的内蒙古优势特色产品走出国门，又要大力发展进口原材料加工制造，促进口岸入境资源在内蒙古落地加工增值；既要继续重点向北开放，积极参与中蒙俄经济走廊建设，发挥国家向北开放的重要桥头堡作用，又要把开放的大门开得更大，积极拓展向南、向西、向东开放新空间；既要扩大对外开放，又要深化国内与京津冀、长三角、珠三角等区域的合作，大力引进科技含量高、带动能力强、发展潜力大、资源消耗低、环境污染少的龙头企业和项目，大力引进资本、技术、人才等高端要素，加快形成北上南下、东进西出、内外联动、八面来风的对外开放新格局。

6. 以全面深化改革优化高质量发展环境

经济全球化条件下，一个地区发展快慢好坏，决定性的因素已经不是拥有多少生产要素，而是发展环境的优劣。营商环境就是生产力、竞争力，优化营商环境就是解放生产力、提高竞争力。当前内蒙古与先进地区发展态势上的差距，很大程度上表现为营商环境的差距。各级政府一定都要进一步转变职能，切实把推动发展的着力点由"抓项目"转向"抓环境"。要深化"放管服"改革，提高政府服务效能，降低制度性交易成本和企业税费负担，激发市场主体活力。要深化产权制度改革，认真落实各种产权保护措施，依法保护企业家人身权、财产权，营造保护企业家合法权益的法制环境。激发和保护企业家精神，构建新型政商关系，让企业家安心创业、放心发展。要深化要素市场化配置改革，保证各种所有制经济依法平等使用生产要素、公平参与市场竞争，营造公平竞争的市场环境。要深化科技体制和人才管理体制改革，释放科技人才创新创业活力。要完善正向激励机制和容错纠错机制，激励干部担当作为。通过加快各项改革和政策落地实施，让各种要素的创造力和活力在内蒙古充分迸发。

7. 以打好"三大攻坚战"跨越高质量发展关口

打好"三大攻坚战"是推动经济高质量发展必须跨越的关口，必须坚持在发展中打好"三大攻坚战"，依靠发展化解风险、解决贫困和生态环境问题。防范化解重大风险方面，要加强债务化解的统筹协调，不能因此引发其他风险和不稳定因素。要"双管齐下"，既严堵后门，坚决遏制违法违规举债；又开大前门，积极争取中央限额内债务规模，满足地方建设、改善基础设施的融资需求；要标本兼治，既缩小债务量这个分子，又努力做大可用财力这个分母。要积极稳妥，做到既坚定、可控，又有序、适度，防止"处置风险的风险"。精准脱贫方面，发展产业是实现脱贫的根本之策。要坚持把脱贫攻坚同实施乡村振兴战略有机结合起来，抓住产业扶贫这个核心和关键，聚焦深度贫困地区，大力扶持发展带动能力强、辐射人口广的特色产业、富民产业，努力把贫困农牧户吸附到产业链上，增强贫困地区和贫困人口的内生动力，从根本上确保实现脱贫效果持续稳定。生态环境保护污染防治方面，要正确认识和处理好经济发展和生态环境保护的关系。一方面，要认识到，抓生态就是抓高质量发展，抓高质量发展必须抓生态。谋发展、作决策、上项目必须始终把生态环境保护放在优先考虑的位置。另一方面，也要认识到，生态环境问题说到底是发展问题，强调保护不是不要发展。保护生态环境和发展经济从根本上讲是有机统一、相辅相成的。内蒙古作为欠发达地区，保护生态环境和发展经济不可偏废，更不能顾此失彼。关键是要探索出一条符合战略定位、体现内蒙古特色，以生态优先、绿色发展为导向的高质量发展新路子，努力在高质量发展中实现高水平保护，在高水平保护中促进高质量发展。

第六章

高质量发展的重大任务和主要举措

第一节　稳定经济增长

在当前经济运行稳中有变形势下，中央政治局会议提出"六稳"：稳就业、稳金融、稳外贸、稳投资、稳预期。其中，稳预期对现实的经济形势和未来走向有重大影响。对于内蒙古而言，虽然自治区目前经济有所回升，但综合外部影响看，依然处于继续下行的风险期，在此关键阶段，稳定增长和发展预期应是当务之急。

1. 采取具有前瞻性的举措稳定经济增长

一是进一步激发工业园区的引擎作用。对各类园区进行全面梳理，加快制订出台自治区工业园区振兴发展计划，全区各类园区应坚持突出主业、错位发展，推进园区基础设施体系、上下游产业链、物流运输体系、能源供应体系、社会服务体系等体系建设，避免出现产业雷同、恶性竞争局面，努力将园区建设成为高端要素集聚区、高水平营商环境示范区、高质量发展引领区。二是加快培育区域发展新的增长极。在深入推进呼包鄂率先发展、协同发展，培育新动力、形成新优势，辐射带动全区加快发展，形成全区经济社会发展"火车头"和"领头雁"的同时，加快推进乌海及周边地区一体化发展，更要下大气力推动内蒙古东部地区积极融入东北经济区和环渤海经济圈，培育自治区新的增长极。三是充分挖掘乡村发展潜力，充分挖掘闲置资源，力求在促进城乡要素自由流动、平等交换、优化配置等方面率先突破。解决好人的问题，长期以来，农村牧区人口单向流入城镇，不仅造成农村牧区发展空心化、老龄化，同时这种单向流动，也严重地影响和制约了农村牧区的建设和农牧业发展。通过建立城乡人口合理流动的体制机制，使农村牧区人口愿意"留下来"建设家乡，也能够吸引城镇人口愿意"走进来"建设农村牧区。通过户籍制度改革，逐步消除户籍壁垒，推动城乡人口合理流动与有序分布。建立健全有利于各类资金向农牧区流动的体制机制，改革开放 40 多年来，虽然城镇第二、三产业积累了大量资本，但由于资本逐利的特性以及农牧业天然的弱质性和低效性，"资本难下乡"仍是制约农村牧区经济社会发展的主要"瓶颈"。政府财政加大向农村牧区倾斜力度的同时，积极引导社会资本进入农村牧区和农牧业领域。通过建立健全多元投融资体制机制，吸引城镇生产要素进入农村牧区。改革财政投入机制，提高财政资金的集中度和使用效益，发挥好财政杠杆作用，撬动更多金融和社会资本投向农村牧区。优化城乡土地供给管理，在兼顾效率和公平的基础上，建立规范的、富民优先的、城乡统筹可持续的土地供给需求制度。优化城乡建设用地布局，健全土地流转监管机制，促进城乡土地要素合理有序流动、公平公正交换。

2. 发挥消费和投资对经济增长的基础作用

（1）发挥消费对增长的推动作用。适应消费趋势变化，提升居民消费能力，稳定消费预期，着力扩大城乡居民消费。一是完善促进消费政策，释放住房、汽车等刚性消费需求，通过"互联网+"等新技术推动服务业转型发展，着力推动大众"能消费"。二是积极支持教育、信息、旅游、文化等服务消费为重点带动消费结构升级，引导提升居民家庭文化娱乐服务消费支出。培育养老、家政、体育休闲、健康保健等新的消费增长点，着力推动大众"愿消费"。三是创新消费方式，发展新型消费业态，引导消费朝着智能、绿色、健康、安全方向转变。规范发展网上购物等新的消费方式，拓展新兴服务消费。继续建立和完善个人消费信贷诚信体系、抵押担保体系，扩大消费信贷品种。合理控制物价总水平，稳定城乡居民消费预期。优化消费环境，加强市场管理，切实保护消费者合法权益。推进流通信息化、标准化、集约化，规范市场秩序，保护消费者权益，让消费者放心消费。不断增加城乡居民收入，努力提升居民消费能力，着力推动大众"敢消费"。

（2）发挥投资对增长的拉动作用。一是抓好重大项目建设。加强重大项目协调调度，落实好重大项目责任，跟踪调度重大项目投资进度，加快推动仍未开复工项目尽快开复工建设、尽早形成有效投资。二是抓好招商引资。认真研究国家、自治区政策动向、资金投向，积极争取中央、自治区预算内资金，抓好项目的策划、储备、筛选和申报等前期工作。积极开展招商引资纳贤引智工作，集中各种要素资源策划储备项目，主动对接、跟踪落实各种招商引资推介会签约项目。进一步落实好价格和收费政策，优化营商环境，激发市场活力，积极引导和鼓励社会资本参与全市经济社会建设。

3. 充分调动各地区实现稳增长的积极性

当前内蒙古各地区普遍存在"旧的停了，新的没上"的增长调整尴尬，给经济发展带来的压力不小。其中各地区有历史的成因，有区位的差异，有禀赋的高低。但无论是"练内功"、促转型，靠改革来切换增长的动力，还是发挥好投资的关键作用，都离不开各地区干部干事创业的精气神。稳增长，仍需充分调动自治区各地区的积极性。当前，内蒙古自治区层面为稳定经济增长提出了不少的政策，但再好的政策落不到实处，就没有实效。在一些盟市旗县，招商引资没了激励政策，就干脆不招不引，项目建设没了激励制度，进度也就延缓下来，甚至以往竞相追逐的项目都没人申请，不少财政资金该花的也花不出去。如果各级干部都不敢为、不愿为、不会为，那么经济增长速度很有可能滑落到风险区间，不仅转方式、调结构会功亏一篑，社会稳定的大局也可能受到冲击。因此，守住稳增长的红线，迫切需要各级领导干部守土有责、守土尽责，建立起自治区高质量发展的指标体系，引入竞争机制，通过体制机制激发起全区干部的主观能动性，切实稳定企业预期，在保持一定增长速度的同时，推动质量变革、效率变革、动力变革，加快形成质量效益明显提高、稳定性和可持续性明显增强的发展新局面。

4. 加强金融对实体经济的支持力度

2016年内蒙古实体经济总量占地区生产总值的比重大约为92%，实体经济的发展决定了内蒙古经济的发展。金融是实体经济的血液。党的十九大报告提出，深化金融体制改革，增强金融服务实体经济能力。首先，加快出台关于金融支持实体经济发展的指导意见，加强对实体经济的信贷支持。其次，降低民营企业融资成本，简化民营企业融资手续与程序，减少实体经济贷款的中间环节，降低中间环节费用水平，严禁"以贷转存""存贷挂钩""以贷收费""浮利分费""借贷搭售"等变相提高贷款利率行为和乱收费行为，降低企业融资成本。最后，积极发展绿色金融、普惠金融和科技金融，支持发展绿色实体经济，积极对企业绿色技术研发、节能减排、循环经济、清洁能源等节能环保企业和项目提供绿色信贷、绿色证券支持。发展绿色保险，加强环境污染风险防范和救济。发展普惠金融，鼓励国家开发银行以批发资金转贷形式与其他银行业金融机构合作，降低小微企业贷款成本。围绕小微企业融资特点，引导银行机构积极开展保理、融资租赁、企业主个人财产担保、联保贷款等融资业务。推动金融机构创新担保方式，大力推广应收账款、知识产权、股权、动产、订单、仓单抵质押贷款。加强金融对科技创新的支持，加快科技金融产品创新，完善服务科技创新的金融体系，在依法依规、风险可控的前提下，拓宽创新企业融资渠道，促进科技与金融协同发展。引导和激励更多资金投资于高新技术产业和新兴产业。

第二节　纵深推进供给侧结构性改革

习近平总书记在党的十九大报告中强调，"必须坚持质量第一、效益优先，以供给侧结构性改革为主线，推动经济发展质量变革、效率变革、动力变革"。内蒙古正处在发展的战略性突破的关口，能否在"腾笼换鸟"中实现发展引擎的升级换代，在凤凰涅槃中实现发展方式脱胎换骨，决定着明天。内蒙古应抓住改革机遇、发挥比较优势，把深入推进供给侧结构性改革作为当前和未来一个时期经济高质量发展的基本策略，围绕提质增效，加快壮大实体经济、推动产业转型发展，推动传统产业的改造升级，大力发展战略性新兴产业、现代能源经济，为市场提供更多有效供给。

一、做好"大"的文章

对于产业来讲，没有一定的规模和体量不会有产业话语权、产品定价权和市场主导权，只能是被动追随，也就不会有更多的创新动力，更谈不上质量效益优先的高质量发展。针对内蒙古产业雷同、企业规模较小、市场竞争力较弱等特点，发挥能源、冶金、化工、绿色农牧业等资源优势和产业基础，抓住新一轮科技革命和技术进步的时代机遇，发挥市场机制的决定性作用，努力做大存量、做优增量。同时，在深入推进去产能的过程中，应遵循市场经济规则，规范行政行为，充分尊重企业意愿，积极引导和推动企业兼并重组、做大做强实体经济，实现企业优势互补，壮大规模。

二、做好"长"的文章

依托资源和能源优化组合优势，以延伸产业链、优化供应链、提升价值链为重点，强化"煤—油""煤—甲醇—气""煤—电—铝""煤—焦—气"等产业链优势，绘制补链、延链路线图，打造全产业链竞争优势，加快推动传统特色优势产业转型升级，实现传统产业高质量发展。尤其要紧跟世界能源技术革命新趋势，推进煤炭能源清洁化和智能化利用，延长产业链条，改变挖煤卖煤、挖土卖土的粗放型资源开发模式，提高能源资源综合利用效率，走出一条差异化、高端化、规模化和国际化的煤基发展之路。

三、做好"高"的文章

推动能源经济高端化，依托资源优势和产业基础，推动能源企业技术改造升级、非煤能源多元供给、智能电网、能源互联网等技术的应用，着力引进和培育能矿装备制造业、现代能源产业建筑安装业、能源金融服务业等相关配套产业，加快现有能源企业的兼并重组和集中扶持，着力培育几家具有全国性行业引领能力的能源航母企业，适时适度地继续扩大能源基地规模，实现以规模求市场、以体量争地位。大力培育非资源型产业、高新技术产业，加快培育发展现代装备制造业、新能源、新材料、大数据云计算、生物科技、蒙中医药等战略性新兴产业。抓住我国数字经济快速发展的机遇，加大数字内蒙古建设；大力发展信息技术服务业、现代物流、节能环保、"互联网+"、电子商务、售后服务、检验检测认证、融资租赁、服务外包等服务业，促进生产性服务向专业化、社会化方向发展。

四、做好"聚"的文章

加强园区基础设施建设，系统解决工业园区基础设施功能配套问题，从信息通、市场通、法规通、配套通、物流通、资金通、人才通、技术通、服务通等综合联通上入手，高起点、高水平完善园区配套功能。进一步调整和优化产业布局，加大区域间、园区间产业布局协同、深度合作的统筹力度。按照全区整体产业布局和分工协作，分别针对不同区域，提出产业引导目录。坚决防止区域间、园区间低水平重复建设、同质化竞争。明确各重点园区主导产业定位及项目准入条件，全面推进产业入园，有效促进同类产业集聚发展，提高产业集中度。以构建产业集群化发展为方向，推进产业链上下游中小型企业的产业链协同运作，加强配套产业链招商，促进资源综合利用率提高和关联产品集群化发展。

五、做好"新"的文章

围绕满足人民群众消费升级和对美好生活的需求，加快发展旅游、商贸、房地产、文化、体育、家政、健康、养老等服务业。特别是以旅游为载体，推动文化与旅游融合发展，打造沿黄文化旅游走廊，促进文化旅游与现代科技、资本市场融合发展，把内蒙古建成消夏避暑胜地，加快形成

"南有海南、北有内蒙"的南北迁徙式旅游度假康养新格局。

六、做好"融"的文章

推进传统产业与新兴产业融合发展，推动互联网、大数据、人工智能与传统产业深入融合，更加注重用科技改造能源、化工、冶金、建材、装备制造和农畜产品加工等传统优势产业，促进传统产业的转型升级，打造新产业集群。此外，第二产业价值链、产业链离不开第三产业的支撑，内蒙古必须大力发展信息技术服务业、现代物流、节能环保、"互联网+"、电子商务、售后服务、检验检测认证、融资租赁、服务外包等服务业，促进生产性服务向专业化方向发展，为传统产业转型升级、新兴产业发展建立专业服务体系。

七、做好"降"的文章

利用好内蒙古土地、电价等基本要素优势，加快"放管服"改革，大幅降低企业生产经营的要素成本和制度性交易成本，让要素优势与体制机制优势形成叠加效应，为产业发展创造优良环境。

第三节 强化投资与项目对发展的
关键引领与支撑作用

尽管内蒙古的债务率较高，财政压力较大，但作为欠发达的西部地区、边疆地区和民族地区，强化投资和重大项目建设仍然是内蒙古经济增长的重要支撑，是推动经济高质量发展的重要抓手。与此同时，随着国家补"短板"的纵深推进，地方债发行和投资项目审批投放进一步提速，以及区域协调发展新机制的全面构建，都为自治区加快补齐基础设施、公共服务、生态环境、产业发展等"短板"和弱项提供了难得的机遇。

一、改善投资环境

首先，合理划分各领域；对经营性项目、公益性项目和准经营性项目进行严格、合理划分，同时允许非公有资本进入如电力、电信、铁路等行业，进一步明确不同性质基础设施项目的投融资主体及分工，使社会资金明确哪些部门鼓励社会资金参与、允许参与的模式和参与程度，做到国有、外资、民间各类投资主体，在准入政策、融资政策、税收政策、土地政策、产品出口政策、法律保护等方面享有同等待遇，把竞争性领域投资更多地让给民间投资主体。加快竞争性领域国有资产战略性调整的步伐，把民间投资的积极性引导到对国有资产存量的重组和改造上来。

其次，继续发挥项目融资的重要作用。积极做好中央和地方项目的策划，做好项目规划、筛选、申报和储备工作，强化项目储备，建立完善的项目库，加快推进项目储备库实现联网，确保重大项目来源充足，滚动发展，为创新项目投融资建设提供稳定、充足、有效的项目流。

健全和完善投资项目审批制、核准制和备案制度，完善政府投资决策机制。规范资金管理和审批程序，落实和完善政府投资审批制、企业投资核准制、备案制，以及外商投资和境外投资核准制等管理办法，推进政府投资项目代建制、咨询评估单位资质认定等制度的应用及创新。

最后，强化投融资创新配套体系建设。继续推进资源、公共产品的收费与价格方面的改革，建立国有资产分类指导和管理、经营办法，加快评估、担保、信用协会等机构建设，强化上级政府以及大银行对县级政府和金融机构的授信额度，探索和改革县级转移支付制度，适当增加落后旗县财政转移力度。加快中小企业诚信体系建设，形成对不守信行为的社会压力和集群压力，逐步营造有利于投融资模式创新的外部环境。

二、增加有效投资

第一，增强投资的有效性。继续补"短板"的基础性投资，围绕铁路网、公路网、航空网、市政网、水利网、能源网、信息通信网七大网络体系，适时适度扩大投资规模。抓住内蒙古列入国家大数据综合试验区建设机遇，加快推进新一代信息基础设施建设，强化信息资源综合开发利用，打造我国北方大数据中心和云计算产业基地。充分运用产业引导基金、产业股权投资基金、科技投资风险补偿资金等，加大对创新能力建设、特色产业链培育和新兴产业的支持力度。

第二，优选投资项目。目前投资效益不高，原因是多方面的，其中资金投向和项目的选择不科学是重要因素之一。在基础设施建设方面，如道路建设，在一个地广人稀的地区，一味追求高速化是不是最有效的？而从内蒙古与对外交流中，谋求与外部的联系直接决定着资源要素的进入与优化存量问题。因而在项目选择上就要首先考虑优先打通内蒙古与区外的联系。因此，未来在项目选择上就要突出效益优先原则，围绕产业结构调整和市场需求，推动和策划一批战略性新兴产业项目和现代服务业项目。围绕传统资源型产业，积极谋划一批产业延链、补链、强链项目，以增量优化带动转型升级；抓住乡村振兴战略的发展机遇，谋划一批绿色农牧业产业项目及农牧区基础设施建设项目。

三、加强招商引资工作

利用内蒙古招商引资网，建设招商引资服务平台，改变传统招商引资方式，实施精准招商，重点推进产业型专业招商、区域型定向招商，提供精准招商引资服务。着力加强与行业协会、龙头企业、外埠商会的信息互通、工作互动，动员客商主动牵线搭桥、引进上下游合作伙伴投资，以外引外、以商招商。对各类重点产业项目、重大民生工程在招商引资、项目推进、要素保障等方面优先安排、重点保障，搭建招商引资项目服务"绿色通道"，营造"零障碍"、低成本、高效率的政务环境。

第四节　加快新旧动能接续转换

新旧动能转换从根本上是转变发展方式、优化经济结构和经济提质增效的过程，这将是一个艰难复杂的过程，也将是一个长期过程，需要爬陡坡、过深坎，但没有退路，需要破釜沉舟、背水一战，实现转型升级迈上"新台阶"，一个是产业升级的台阶，另一个是创新的台阶。

一、培育发展新兴产业形成新动能

推进现代能源经济建设。紧跟世界能源技术革命新趋势，延长产业链条，提高能源资源综合利用效率。推进能源发展方式转型升级，实现由"高资源消耗、高污染排放、低经济效益"的"黑色经济"向"资源消耗低、污染排放低、经济效益高"的"绿色经济"转变。加快发展大型风电、高效光电光热、高效储能、分布式能源等新能源，扩大可再生能源参与直接交易和多边交易市场规模，促进多能互补和协同优化，重点建设赤峰、包头北（巴彦淖尔）、阿拉善（乌海）、乌兰察布（呼和浩特）等国家新能源基地。

培育发展战略性新兴产业。密切跟踪国际科技、产业发展趋势，加快互联网、大数据、人工智能和实体经济深度融合，推动新兴产业加速崛起、扩容倍增、重点突破，打造先进制造业集群和新兴产业发展策源地，培育形成新动能主体力量。顺应新材料高性能化、多功能化、智能化、绿色化发展趋势，重点发展稀土功能材料、高性能金属结构材料、先进高分子材料、特色新材料等新材料；以提升产业装备水平、推广节能环保产品、创新产业经营模式为重点，加快构建高效节能、先进环保、资源循环利用和节能环保综合服务等节能环保产业体系；深入实施《中国制造2025》，依托一机、北重、北创、中车等企业，大力发展新能源汽车、轨道交通装备、智能制造装备等高端装备制造产业；以建设国家大数据综合试验区为契机，努力打造中国北方大数据中心、建设世界级大数据产业基地。加强新产品研发，着力建设蒙中药材种植、生产加工特色产业链，打造国家级蒙药研发基地与现代化蒙中药生产基地；发挥内蒙古生物资源、生物产业和生物技术优势，加强技术创新，积极发展生物农牧业、生物制造业等特色产业。

二、改造提升传统产业形成新动能

在新技术产业化应用上实现新突破。一项新技术有没有生命力，能否被市场认可产生价值，关键在于产业化应用，新技术的产业化应用是整个技术创新体系中最为关键的一环。从技术应用实践经验看，每一项重大新技术的产业化应用，都会带来一个行业整体技术装备的变革、生产组织模式的变革、现代企业管理模式的变革。比如，苹果公司率先将智能操作系统植入手机，研发推出智能手机，颠覆了人们传统手机的认知，重塑了手机制造业体系，甚至改变现代人的工作生活方式。新技术无论"出处"，关键是要"拿来"为自己所用。现在，在内蒙古实现大规模产业化应用的新技术绝大多数都来自区外、国外，技术创新不能老是盯着区内这个"小圈子"，要紧盯国内、放眼全球，不遗余力地引进与内蒙古产业发展相适应的、国内国际前瞻性先进性新技术，在我们的产业园区实现产业化应用。

在改造升级上实现新突破。没有落后的产业，只有落后的企业，传统产业不都是落后的，更不等于落后产业。能源、化工、冶金、建材、装备制造、农畜产品加工六大传统产业是工业经济的支柱，也是内蒙古整个国民经济的"稳定器"，产业转型升级必须把改造提升传统产业放在首位，推动经济高质量发展也必须把提升传统产业发展的质量和效益作为首要任务。要加快利用新一代信息技术、先进适用技术和高新技术，推动传统产业信息化、智能化、网络化改造，让传统产业焕发新活力。事实上，经过多年的努力，内蒙古的煤炭机械化开采、现代煤化工、电解铝、铁合金等多个行业、多项指标、多种技术装备水平已经走在全国先进行列，一些甚至处于领先地位，今后还要在这方面多下功夫，力争推动传统产业整体达到中高端水平，实现园区产业提质、换挡、升级。

在产业延伸、产业融合实现新突破。资源是内蒙古发展的优势所在，要把资源优势转化为经济优势，就必须加工转化、延伸升级。要围绕"延链、补链、强链"做文章，让每一块煤、每一度电在内蒙古实现最大限度加工转化增值。产业集群是一个地区经济的核心竞争力，而要塑造产业集群首要就是产业融合发展。经过几代内蒙古人的不懈努力，内蒙古的某些行业已经有了很好的配套性，具备了融合发展的良好基础。比如，五原工业园区形成了农产品种植、加工、销售为一体的第一、二、三产业融合发展模式，霍林河工业园区构建起"煤—电—铝—铝后加工"产业集群。从行业间更广阔的视角看，一些行业也有融合发展巨大潜力，比如，生产新能源汽车，内蒙古有电池、钢板、铝合金、轮毂、玻璃、复合材料等行业为其配套，但是现在这些企业多数还是在市场中"单打独斗"，没有融合起来，结果哪个也没有发展壮大起来。要下大力气改造一批、建设一批以产业融合发展为特征的园区，让具备条件的产业能够跨界、跨行政区域融合起来，形成具有地区优势和核心竞争力的产业集群。

在破除低端无效产能上实现新突破。加快新旧动能转换，提高供给质量，不仅要做改造提升旧动能、培育发展新动能等锦上添花的工作，还要在化解过剩产能、淘汰落后产能、退出"僵尸企业"等"啃硬骨头"的工作上下功夫、见实效，为新项目、新产业提供环境空间、指标空间、市场空间、发展空间。要坚持用市场化、法制化手段化解过剩产能。要严格产业准入、质量、环保、能耗、安全等法规标准，倒逼落后产能退出。要具体问题具体分析，因地制宜、分类施策处置"僵尸企业"，尽可能少关停、少破产，多转产、多重组。要严厉依法打击已退出低端无效产能违法违规生产行为，严防死灰复燃。

三、发挥好创新在新旧动能转换中的核心作用

明确内蒙古科技创新的功能定位。一是强化创新平台载体建设，通过搭建创新平台，集聚资金、技术、人才等各类资源。加强国家级创新平台培育和建设，创建呼包鄂国家自主创新示范区，在科技体制改革和机制创新、创新创业公共服务体系建设和对外开放合作等方面先行先试，探索推动科技创新实现跨越发展的新路径。打造一批具有较强创新实力和竞争力的产业基地和高水平科技示范园区，推动产业的创新。建立一批低成本、便利化、开放式的众创空间和虚拟创新社区，孵化培育"专精特新"的创新型小微企业。二是善于借助外力，通过引进项目、技术弥补内蒙古创新不足，增强技术创新的供给能力。要着力引进一批反映产业需求和技术发展方向的大项目，广泛开展科技创新储备项目征集。通过大项目带动相关配套技术、项目落地，进而引导企业、高校、科研院所等创新主体自主实施一批创新项目，提高技术的供给能力。三是强化自主创新，要通过自主创新，抢占产业变革的制高点。围绕现代农牧业、能源、新型化工、有色金属、战略性新兴产业、大气联防联控、荒漠化治理等领域的重大科技需求，实施一批自治区科技重大专项，突破一批关键共性技术，构筑引领型发展的支撑基点。

充分激发调动科技研发参与者的积极性。一方面，调动企业积极性。企业是科技创新的主体，而内蒙古企业的科研活动尚不活跃，必须要建立相关激励机制、风险兜底机制和发展保障机制，引导和推动各类企业加大研发投入力度。充分发挥好自治区科技成果转化专项资金的作用，加强对企业科技成果转化引导，实施后补助、创新券、风险补偿等策略。推进科技协同基金投资进度，设立天使投资子基金，支持发展中的科技型中小企业和初创期的科技型小微企业。另一方面，调动科研人员积极性。在全区

靠刚性引进人才的方式不理想的情况下，要认真落实好相关政策，继续打破相关管理体制机制的束缚，加快推进清理"唯论文、唯职称、唯学历、唯奖项"专项行动，探索在内蒙古率先开展相关的试点示范工作，严防将现有科技人员公务员化管理。加强对科研人员激励，实施好以增加知识价值为导向分配政策，试点开展科研项目股份制改革，鼓励科研人员通过科技成果转化获得合理收入。

促进技术创新与传统产业、经营模式融合发展。促进物联网、云计算、大数据、移动互联网、人工智能等新一代信息技术在产业升级中的广泛应用和渗透融合，深入实施"互联网+"行动计划，加快形成了智能温室、农田监测、智慧牧场、中央厨房、电商、直销配送等农牧业新业态、新模式；推广开放式研发、个性化定制、协同式创新等制造业新模式；拓展数字消费、电子商务、现代物流等新兴服务业，大力发展数字经济、平台经济、共享经济、智能经济。通过应用大数据、云计算、物联网、软件信息服务、智能终端，引导数字技术、智能技术广泛应用于经营管理等关键环节，重构商业模式。

四、强化人才资源在新旧动能转换中的支撑作用

完善人才培养机制。增设面向新经济、新产业的学科专业，建设新型高端智库，造就一大批战略科技人才、科技领军人才、青年科技人才和高水平创新团队。鼓励本科高校、职业院校（含技工院校）和培训机构开展技术技能培训、创业创新培训，建设职业教育创新发展试验区。传承弘扬劳模精神、工匠精神，打造知识型、技能型、创新型劳动者大军。大力倡导企业家精神，依法保护企业家的创新收益和财产权，培养造就具有战略思维、国际视野和勇于创新的企业家和经营管理人才队伍。

创新人才引进模式。加大柔性引才力度，支持外籍高层次人才和急需紧缺人才来内蒙古工作、创新创业，提供高效便捷的人才签证、工作许可审批服务。支持国内外高校、科研机构在内蒙古设立新型研发机构和中试

基地，打造一批自治区博士后创新实践基地、专家服务基地和留学人员创业园，引进培育"千人计划""万人计划""草原英才""两院"院士等高层次人才。加强与科研院所、高等院校和企业的对外交流合作，设立区外研发机构。发展专业性、行业性人才市场，放宽人力资源服务业准入限制。完善社会保险关系转移接续办法，畅通人才在机关、事业单位、企业、社会组织之间的流动渠道。

强化人才激励政策。构建各类人才脱颖而出、梯队发展、自由流动的制度环境。对高端紧缺人才，实施科技成果转让、科研成果奖励政策，在部分新兴经济领域探索实施特殊管理股权制度。落实高校和科研院所自主权，改革高校绩效工资审批管理制度。完善财政性科研项目和资金管理制度，加大对实施法人治理结构科研院所的创新支持力度。

第五节　坚持生态优先绿色发展

坚定不移贯彻习近平生态文明思想，保持生态文明建设战略定力，探索以生态优先、绿色发展为导向的高质量发展新路子，以改善生态环境质量为核心，以解决生态环境突出问题为重点，以防控生态环境风险为底线，以推进生态环境领域改革为保障，聚焦聚力打好污染防治攻坚战，加快推进生态环境治理体系和治理能力现代化，加强生态系统保护与修复，推动形成绿色发展方式和生活方式，守护好祖国北疆这道亮丽的风景线。

一、深化思想认识

深化对战略定位的认识。习近平总书记几次关于内蒙古的重要讲话，都反复强调这个问题，指出把内蒙古建成我国北方重要生态安全屏障，是立足全国发展大局确立的战略定位，是我们必须自觉担负起的重大责任。

在 2019 年全国人民代表大会上，总书记进一步要求，推动高质量发展，要符合这一战略定位。从思想认识和发展实践看，目前内蒙古还没有把这一战略定位完全落实到经济社会发展之中，摆脱路径依赖还需要不断深化认识、深化实践。对于内蒙古生态地位的极端重要性，包括生态环境的脆弱性，还需要深入研究、掌握清楚，让干部群众都明明白白，自觉立足战略定位思考和部署工作。

正确处理保护生态环境与发展经济的关系。对这个问题，中央的要求一直是明确的，反复强调要坚持在发展中保护、在保护中发展，不能把两者割裂开来、对立起来，不能以牺牲环境为代价求得一时的发展。这既是重大的经济问题、生态问题，也是重大的政治问题。探索以生态优先、绿色发展为导向的高质量发展新路子，就是因为过去的路子走不下去。习近平总书记曾明确指出：一个时期以来，内蒙古依靠矿产资源开发、发展资源性产业取得了较快发展速度，但这种发展模式不可持续，留下了许多后患；强调保护生态环境与经济建设从根本上讲是有机统一、相辅相成的，要统筹好经济发展和生态环境保护建设的关系，不能道理是道理、干事归干事。我们要深刻领会总书记的要求，在走什么样的发展路子上始终保持清醒认识。

加强生态环境保护建设，实现山清水秀环境美，是高质量发展题中应有之义。高质量发展的特点之一，就是绿色成为普遍形态。习近平总书记曾强调，绿色生态是最大财富、最大优势、最大品牌。内蒙古的农畜产品受到广泛欢迎，就是因为内蒙古拥有众多有机绿色的品牌。许多人向往内蒙古，也是因为内蒙古有蓝天白云，有碧水青山，有绿色草原，有原始森林。所以，绿色是内蒙古的宝贵财富，是内蒙古生态文明的象征，为绿色做加法，就是为内蒙古的财富做加法。内蒙古要切实把生态优先、绿色发展的导向树立起来、落实下去。在这个问题上，要保持战略定力，始终坚定不移。

探索以生态优先、绿色发展为导向的高质量发展新路子，是带有全局性、方向性、系统性的调整。需要坚持问题导向，从上到下、从宏观到具体，对现有发展思路、发展规划和政策措施等，进行全面梳理、重新审视、深入论证，及时调整和完善。加快形成推动高质量发展的指标体系、政策体系、标准体系、统计体系、绩效评价和政绩考核。结合不同区域、不同领域、不同主体的实际情况，科学确定评价指标，引导各地合理规划差异化发展路径。

二、加快推进绿色发展

优化产业布局，严格落实主体功能区战略，调整优化生产力布局。化解过剩产能，完成违法违规建设项目清理整顿，严禁新增低端落后产能。强化节能降耗，加强高耗能行业能源管控，严格控制煤炭新增产能，有序退出过剩产能，科学发展先进产能。构建绿色产业链，加快培育新产业、新动能、新增长极，大力培育非煤产业、非资源型产业和高新技术产业，着力壮大新兴产业、高效农牧业、先进制造业、现代服务业产业。加大清洁化改造，完成钢铁、水泥、化工和有色金属冶炼行业新一轮清洁生产审核，通过技术改造使企业排污强度大大下降，推动能源、冶金、建材、有色、化工、农畜产品加工等行业清洁生产改造和清洁化改造。发展循环经济，大力推进工业园区循环化改造，加快绿色企业、绿色园区、绿色矿山建设，建立绿色低碳循环的农牧业产业体系。

依托现有资源优势和产业基础，加大招商引资力度，瞄准高精尖项目发力，打造新兴产业集群，推动形成项目更多、结构更优、质量更高、活力更足的发展局面。要加大对企业的支持力度，千方百计帮助解决实际困难，整合要素、集中力量支持大项目好项目建设。要把安全生产工作时时放在心上、牢牢抓在手上，做到警钟长鸣、常抓不懈。

三、全面深化生态环境领域改革

按照中央和自治区部署要求，统筹推进生态环境机构监测监察执法垂直管理改革、综合执法改革和事业单位改革，加快形成条块结合、权责明确、保障有力、权威高效的生态环境管理体制。健全自治区生态环境保护督察机制，修订自治区生态环境保护督察实施方案，开展新一轮自治区生态环境保护督察。严格实施排污许可制，完成 19 个行业排污许可证核发工作。在全区试行生态环境损害赔偿制度。深化"放管服"改革，持续推进简政放权，强化事中事后监管，落实取消环评资质法律要求，建设"一网通办"政务服务平台。加强生态环境领域社会信用体系建设，开展企业环境行为信用评价。

深入开展"一湖两海"流域治理、工业园区和矿区污染治理等专项执法行动，持续深化环境执法大练兵活动，及时发现和解决一批生态环境突出问题，依法严厉打击生态环境违法犯罪行为。禁止环保"一刀切"，对一些地区及部门以生态环境为借口，采取紧急停工停业停产等简单粗暴行为和"一律关停""先停再说"等敷衍应对做法，必须坚决反对、及时抵制遏制。加强核与辐射安全监管，推进自治区放射性监测与污染控制重点实验室建设，开展放射源安全大检查，提高辐射环境应急响应、应急监测、应急技术支撑能力。加强工业园区、重点行业和危险化学品风险隐患排查，开展晾晒池、尾矿库专项整治，坚决杜绝重特大突发环境事件发生。做好舆情监控和信访案件查处工作，加大信息公开和公众参与力度，及时化解生态环境矛盾纠纷，切实维护生态环境安全。

四、切实加强自然生态系统保护

完成全区生态保护红线划定，开展勘界定标工作，推进监管平台建设，研究制定管控政策措施，构建系统完整、科学高效的生态监测监管体系，严守生态保护红线。全面加强自然保护地监管，持续开展"绿盾"自然保护地专项行动，配合推进自然保护区矿山退出、矿山整治以及违规征占用草原问题专项整治。加强生物多样性保护，编制完成涵盖呼伦贝尔、大兴安岭、松嫩平原、锡林郭勒草原和西鄂尔多斯—贺兰山—阴山 5 个优先区的《内蒙古生物多样性保护优先区规划》。深入开展生态文明示范创建工作，积极探索"绿水青山就是金山银山"实践创新基地创建的新路径。

五、提高生态环境治理能力

加强生态环境立法，制定自治区水污染防治条例、乌海及周边大气污染联防联控联治条例，推进生态环境保护条例、放射性污染防治条例、土壤污染防治条例立法工作。加大生态环境保护投入，扎实做好项目储备，积极争取国家专项资金支持，加快资金拨付和项目实施。完善生态环境监测体系，制定环境空气质量自动监测站运行管理细则，完善区控水质自动监测网络及预警平台，完成土壤国控点位监测任务，推进重点污染源监测数据管理与信息共享平台建设。强化科技支撑，开展全区生态环境"十三五"规划中期评估，做好资源环境承载能力评价、大气污染源清单、地下水基础环境状况调查评估、集中饮用水水源地环境状况评估等重点课题研究，全面完成第二次全国污染源普查。加大宣传教育力度，定期召开新闻发布会，持续深化"美丽中国，我是行动者"主题实践活动，开展"美丽家园，我们是守护者"、"6·5"环境日主场活动，大力倡导绿色低碳生活方式，在全社会营造崇尚生态文明、支持参与生态环境保护的良好氛围。

第六节　不断提升民生福祉与社会治理水平

按照推进城乡基本公共服务均等化的要求，全面推进教育事业发展、卫生事业和公共文化设施建设，完善最低生活保障制度，加大保障性住房建设力度，健全覆盖城乡居民的社会保障体系。同时，要加快城乡水、电、路、气和通信等基础设施建设。

一、织密织牢民生保障网，提升民生福祉

坚持共享发展，把保障和改善民生作为一切工作的出发点和落脚点，千方百计提高城乡居民收入和农村牧区基本公共服务水平。多途径拓宽增收渠道，改善居民消费预期，拓展新的消费领域与新的消费市场，努力消除制约消费的制度和政策障碍，建立收入增长与经济增长良性互动机制，促进收入来源多样化、增收稳定化、分配公平化。

健全社会保险制度，扩大社会保障覆盖面。提高城市居民医疗保险参保率，确保农牧民新农合参保率达到 100%，切实实现医疗保险全覆盖目标。提高农民工大病医疗保险参保率，实现医疗保险关系异地接续常态，提高医疗保险制度公平性。实现农保到职工养老保险的变更接续。完善社会救助制度，建成小康社会和国务院相关文件为基础，建立完善最低生活保障制度，进一步完善医疗救助制度，全面开展重特大疾病医疗救助，全面建立临时救助制度。积极应对老龄化社会，城镇社区发展养老服务设施。创造居家养老的社区环境，提供相关支持。建立社区养老平台，制定养老设施发展规划。积极探索与养老金制度相适应的退休制度，目前养老保险金收支失衡严重，财政负担沉重。逐步延长技术职业的退休年龄，缓解退休金支出与缴纳之间的严重失衡状态。

二、加快社会治理体系建设

建立公众参与社会治理机制，大力发展社会组织。社会治理体制创新的根本目标是提高居民生活满意度。社会治理的根本任务是解决社会生活中的利益冲突与矛盾，树立"社会本位"和"生活服务本位"的社会治理理念，把公共资源作为社会治理的主要对象。城市居民的工作与生活需求得以满足是城市公共事务治理的核心，政府创造更加宽松的发展空间，提供专业人才培养服务，提高平均每万人拥有社会组织数量，把民间组织培

育成为专业化、市场化、以公共服务提供为核心使命的公共治理的重要主体。放宽社会管制范围，自觉向服务型政府转变。

建立政府、企业、居民、社会组织多元主体共同参与平台和利益表达机制。社会组织发展程度低是发展的"短板"，是对全局具有牵引作用的关键领域和环节，大大滞后于经济社会发展的需要。主要表现是社会组织与政府的信任、合作程度低，且缺乏社会认同；社会组织内部管理不规范、专业化人才缺乏以及自律机制不健全，且数量少、资金不足。树立公共事务共同治理的观念，实现多元主体的共同治理。树立以人为本、自由平等、充满活力的社会治理目标，把社区建设成为社会治理的重要主体。建立公众参与社会治理平台。树立"社会本位"原理，在简政放权、放管结合过程中，应立足于本城市的可持续发展，建立与社会各界的公众咨询渠道，制定突出当地特点、符合当地发展需求的社会治理制度。确立"民生本位"观念，确立"生活中心主义"原理，在公共服务中实现社会治理。

完善农牧民生产合作组织机制，发展混合所有制。共同合作不仅是社会治理的需要，也是经济发展的需要。大力发展全区经济合作组织。改变农村和牧区单一的经济组织方式、管理方式、营销方式，构建群众自主参与经济平台。牧区原来以游牧为主，牧场分配到户后，牧户获得了更多的经营自主权，但是与原有以苏木和嘎查为主体的生产合作相比，牧民的生产方式更加分散，单个的农牧民直接面对市场，生产经营面临巨大风险，龙头企业难以形成和发展。在稳妥、自愿的条件下整合小农户，发展农业集团和牧业集团，以现代工业方式发展农牧业生产。生产合作组织统一疫苗、种羊、加工、销售，将畜牧生产加工的附加价值留在当地。搭建平台，由农民和牧民自愿组织，制定规范的合作制度规则，帮助农牧民使用互联网技术，实现农牧民网上购物、线上线下支付和物流配送为一体的城市—农村双向流通的电子商务平台，在农牧民和城市消费者之间建立信息平台。

将市场机制引入公益事业，鼓励社会企业发展。推广运用政府和社会资本合作模式，建立"全过程"合作关系，政府授予特许经营权、利益共享和风险共担，通过引入市场竞争和激励约束机制，提高公共产品或服务的质量和供给效率。建立各类社会主体的利益表达和诉求渠道，完善自然风险与社会风险管理制度。充分发挥社区联系政府与居民的纽带作用，及时了解居民的意愿，建立充分的利益表达机制，健全社会心理服务体系和疏导机制、危机干预机制，及时有效地化解社会矛盾。城市安全管理机制停留于制度层面，需要深入落实到居民的日常生活。强化源头防范，保障人民生命安全，维护良好的社会秩序。

第七节　深化改革与扩大开放

在我国产业向信息化引领高质量制造业和服务业发展的大趋势下，相对于传统的低价资源和水电道路等"硬性"支撑要素而言，公平竞争和权益保护等营商环境打造则显得更为重要；与此同时，随着全球化与区域经济一体化的纵深推进，开放已成为当代社会发展的鲜明标识，通过改革进一步扩大开放，通过开放进一步倒逼改革，已成为赢得未来发展的关键。

一、深化重点领域改革

深化国有企业国资改革。发挥国有企业在动能转换中的引领带动作用，推进国有经济布局优化、结构调整、战略性重组，提高国有资本配置效率，培育具有全球竞争力的世界一流企业。积极发展国有资本、集体资本、非公有资本等交叉持股、相互融合的混合所有制经济，探索分类分层推进混合所有制改革路径。

支持民营经济发展。发挥民营经济在新旧动能转换中的重要支撑作用，全面实施市场准入负面清单制度，营造公平竞争、统一开放的市场环境。加大对行业领军企业和高成长性企业激励力度，支持民营资本通过资产收购、产权受让、参股控股、合资合作等方式，参与混合所有制改革，除国家规定必须保持国有资本控股的企业外，可允许民营资本控股。加快完善现代企业制度，实现企业产权多元化、治理规范化、管理科学化。

创新投融资体制。建立企业投资市场主导、融资渠道丰富畅通，政府管理简明规范、职能转变务实到位的新型投融资体制。最大限度放宽投资准入，通过规划布局、技术标准引导市场投资行为。创新政府投资方式，发挥基础设施建设基金、政府出资产业投资基金等引导作用，健全PPP模式制度，推行代理制度，建立合理投资回报和多样化退出机制。严格控制政府性债务风险，严禁违规担保，严禁通过各种方式变相举债。加快地方政府融资平台市场化转型，推进国有资本运营集团注入优质资产、引入战略投资者、存量资产证券化，承接运营政府投资设立、整合的股权投资基金。

加快形成高质量发展的体制机制。加快建立高质量发展的指标体系和政绩考核体系，形成"百姓有就业、企业有利润、政府有税收、社会有活力和绿色有价值"的高质量发展指标体系；同时，给予广大基层干部试错空间，解决干部职工"不愿干、不想干、不敢干"的问题。将高质量发展监测评价结果，作为推进高质量发展年度考核的重要依据，为"鼓励激励""能上能下"提供依据。推动改革从数量型向质量型转变，引入第三方评估机构，对改革措施落地情况进行评估，打造原有"自己改革自己评价"的格局。

深化外贸领域"放管服"改革。以跨境电子商务为突破口，大力支持综合试验区大胆探索、创新发展，在物流、仓储、通关等方面进一步简化流程、精简审批，完善通关一体化、信息共享等配套政策，推进包容审慎有效的监管创新，推动国际贸易自由化、便利化和业态创新。同时，要控制好试点试验的风险。要在保障国家安全、网络安全、交易安全、国门生物安全、进出口商品质量安全和有效防范交易风险的基础上，坚持在发展中规范、在规范中发展，为综合试验区各类市场主体公平参与市场竞争创造良好环境。

二、进一步优化营商环境

加大简政放权力度。落实好"一次性告知制度",进一步增强在线审批监管平台的应用能力,提升审批服务水平,服务好项目和企业。加大商事制度改革力度,在试点基础上全面推开"证照分离"改革,实施"多证合一",推进企业登记全程电子化和电子营业执照。提高精准放权、协同放权水平,保障地方和基层对下放事项接得住、接得好。深化科技、教育、医疗、文化等事业单位改革,完善政府购买服务机制和法人治理结构。

加强事中事后监管。适应新技术、新产业、新业态、新模式发展需求,降低准入门槛,创新监管模式,完善快速服务响应机制,建立支持新兴市场主体创新创业、发展壮大的生态体系。明确监管内容、创新监管方式、建立统一高效的数据采集、监测、分析和预防体系。深化信用体系建设,全面推行信用承诺制度,继续推进各地区、各部门"双公示"工作,尽快开发建设联合奖惩系统,推动守信联合激励失信联合惩戒措施有效落地。深入实施"双随机、一公开"监管。

改进优化政务服务。规范行政程序、行为、时限和自主裁量权,提高政务公开水平,增强政府公信力和执行力,营造稳定、公平、透明、可预期的营商环境。推广"互联网+政务服务",实现"一窗受理""一网办理"、联审联办、全链条办理。推进信息共享和数据开放。提高中介服务标准,清理和规范政务服务涉及的各类认证、评估、检测等中介服务项目。

完善市场竞争和消费环境。坚持权利平等、机会平等、规则平等,加快健全市场监管机制,着力打破地区分割、行业垄断和市场壁垒,严厉打击虚假宣传、制假售假等不正当竞争行为,确保各类市场主体依法平等使用生产要素、公平参与市场竞争、同等受到法律保护。坚持源头治理、依法治理、创新治理、综合治理,加强食品、药品、农产品等重要产品监督管理，健全产品质量追溯体系，整体提升消费者维权能力，持续激发市场活力和消费潜力。

加强基础设施建设。坚持基础性、先导性、战略性方向，提高智能化、网络化、现代化水平，加快建设技术先进、功能完善、便捷高效、安全坚固的综合基础设施支撑体系。一是交通基础设施。构筑"铁、公、空"一体化综合交通体系建设，提升综合交通枢纽地位。加快推进以高速公路和轨道交通为骨干，以普通公路为基础的枢纽型、功能性、网络化重大交通基础设施建设。全面建成呼和浩特新机场，将新机场建成国内重要的干线机场、一类航空口岸机场、首都机场的主备降机场、西部地区大型区域性枢纽机场、国航和天津航空的基地机场。二是能源基础设施。实施能源保障、能源网络和能源优化工程，构建清洁低碳、安全高效、供应优化的现代能源体系。三是水利基础设施。突出水资源的刚性约束，以节水、供水重大工程建设为重点，构筑水安全保障体系。四是信息基础设施。构建完善高速、移动、安全、泛在的新一代信息基础设施，统筹规划政务数据资源和社会数据资源，完善基础信息资源和重要领域信息资源建设，形成万物互联、人机交互、天地一体的网络空间。加快广播、电视、互联网三网融合进程。

三、持续扩大开放

对内开放方面，加强国内区域合作。基于内蒙古目前开放发展的现状，仅依靠向俄罗斯、蒙古国开放是远远不够的。解决内蒙古生产要素短缺的问题，推动产业链延伸还是要依靠更多面向国内经济腹地。未来要加强与京津冀、长三角、港澳台地区等合作交流，顺应产业转移趋势，进一步加大招商引资力度，积极承接东中部地区产业转移。借助国家京津冀一体化战略和呼张高铁建成通车，深度融入京津冀、环渤海经济合作区，充分利用区位、交通、产业基础等方面的优势，从清洁能源供给、承接产业转移、提供休闲度假服务等方面入手，积极探索互惠互利、互补互促的合作机制。积极搭建产业转移的服务平台，落实承接产业转移优惠政策，积极承接东部地区产业链整体转移和关联产业协同转移。抓住呼包银榆城市带上升为国家战略的有利契机，充分发挥在科技创新、医疗卫生及教育、文化、旅游等方面对周边地区形成的影响力和吸引力，以及承东启西、南联北通的区位优势，着力深化呼包银榆经济合作区建设，加强在资源要素整合、产业布局调整、基础设施对接、生态环境治理、区域政策制定等方面与包银鄂榆等城市的协调与合作。加强与东北三省合作，重点打造齐齐哈尔—赤峰、绥芬河—满洲里、珲春—阿尔山、丹东—霍林河、锦州—锡林浩特等二级经济轴带。推进锡林郭勒盟、赤峰市与辽宁省朝阳市、锦州市共同打造辽蒙海陆合作实验区，支持通辽市与辽宁省铁岭市、吉林省四平市开展协同创新。

对外开放方面，一是积极融入国家对外战略布局。必须发挥内蒙古联通俄蒙的区位优势，完善国家向北开放的重要桥头堡作用，积极拓展与"海上丝绸之路"国家的交流合作，依托重点口岸和合作园区，扩大对外开放的载体和平台，进一步完善对外交流布局。依托经满洲里口岸的欧亚经贸大通道，突出抓好呼伦贝尔中俄蒙合作先导区建设；依托经二连浩特口岸的欧亚经贸大通道，突出抓好"呼包鄂"及乌兰察布经济腹地建设；依托京包—包兰—兰新和临河—策克—哈密铁路，突出抓好"呼包银榆"经济腹地建设，打造对外开放新优势。二是巩固提升口岸综合服务能力。借助新机场建设，提升空港综合服务能力。在巩固已开通航线的基础上开辟新航线，支持货运航空公司开通国际国内航线。三是推动口岸与腹地互动。根据口岸布局和全区发展布局，推动口岸与区内中心城市和重点园区进行对口合作，加快区内进出口加工基地和综合保税区建设，加快推进中心城市向北开放，增加出口产品的生产能力，提高产品附加值，改变过去"酒肉穿肠过"的局面，形成"金银腹中生"的模式。同时，加强腹地对边境经济合作区（互市贸易区）、跨境经贸合作区等主要开发载体的建设与支持。四是支持外贸稳步创新发展。以获批国家跨境电子商务综合试验区为契机，进一步加快跨界电子商务服务支撑体系建设，鼓励传统外贸企业发展跨境电商业务。争取国家、自治区外贸发展专项资金、外贸企业能力建设资金，支持企业开展加工贸易业务，努力扩大进出口规模。建立服务贸易联席会议制度，推动服务贸易统计工作开展。营造高效的服务环境，保障对俄蒙贸易的渠道畅通。积极组织企业参加俄蒙经贸活动，扩大农牧业对外合作，支持企业到农牧业资源丰富的蒙古国、俄罗斯开展种植加工、仓储物流等领域合作。

后 记

习近平总书记在党的十九大报告中明确指出："我国经济已由高速增长阶段转向高质量发展阶段。"转向高质量发展阶段，意味着内蒙古发展的内外部条件已经发生深刻变化，既面临有利条件，也面临着约束和挑战。对此，为更好地探究新形势下内蒙古高质量发展，本书课题组在内蒙古发改委重大委托项目"内蒙古自治区国民经济社会发展第十三个五年规划纲要中期实施情况评估"研究成果的基础上，根据最新形势，对研究成果进行了修改、充实，形成了《多重约束下探寻内蒙古经济高质量发展之路》，由经济管理出版社出版，呈现给关心内蒙古发展的社会各界。

本书在研究和撰写过程中，由内蒙古自治区社科联原党组书记、主席，内蒙古参事，内蒙古大学创业学院发展战略与规划中心主任杭栓柱担任总顾问、总指导，在此对杭栓柱老师对年轻人的谆谆教导表示崇高的敬意和衷心感谢。

参与本书研究和撰写的有内蒙古社科联、内蒙古北宸智库、内蒙古发改委、内蒙古发展研究中心、国家发改委经济体制管理与研究所、乌兰察布察右前旗等单位研究人员。本书由赵杰、邢智仓、郭启光、张月峰承担统稿和撰稿任务，文风、朱晓俊、张志栋、冯玉龙、赵栩、李鹏、杨宏杰参考了本书部分内容的撰写。

本书出版过程中，经济管理出版社会给予了大力支持，责任编辑张莉琼老师付出了大量耐心、认真、细致的工作，在此一并表示衷心感谢。

在研究过程中，课题组参与了学术界已有的研究成果，并尽量将相关内容以参考文献的形式予以标注，在此对原创作者付出的艰辛劳动表示衷心感谢。

作者
2020 年 8 月